Ingeborg Gräßer-Eberbach

HELIUS EOBANUS HESSUS

Ingeborg Gräßer-Eberbach, *Jahrgang 1930, studierte von 1950 bis 1955 Germanistik und Altphilologie in Marburg und Tübingen. Referendarzeit in ihrer Geburtsstadt Stuttgart bis 1957. Wegen Heirat Übersiedlung ins Ruhrgebiet; 4 Jahre in Oberhausen/Rhld. und 4 Jahre in Marburg/Lahn.*
Seit 1965 als Lehrerin für Deutsch, Latein und Geschichte an verschiedenen Schulformen und Volkshochschulen tätig; Interesse an Umwelt- und Tierschutz-Fragen; Vorträge und Aktionen allein und in Gruppen.
Ingeborg Gräßer-Eberbach gab 6 Jahre Griechisch-Unterricht für evangelische und katholische Theologie-Studenten an der Ruhr-Universität Bochum. Von 1985 bis 1990 Studium der evangelischen Theologie mit Magister-Abschluß; Schwerpunkte: die Epoche des theologischen und literarischen Humanismus, Luther und die Reformation.

Ingeborg Gräßer-Eberbach

HELIUS EOBANUS HESSUS

Der Poet des Erfurter Humanistenkreises

Verlagshaus Thüringen
Erfurt

Umschlagabbildung:
Ausschnitt aus dem Gemälde von Peter Janssen im
Erfurter Rathaus (Festsaal):
Die Universität Erfurt „Alma mater erfordiensis“ 1392 bis 1816.
Entstehung des Bildes: 1881/82.
In allegorischer Weise werden auf diesem Bildausschnitt
durch Martin Luther die theologische
und durch Eobanus Hessus die philosophische Fakultät verkörpert.
Die Veröffentlichung der Abbildung
erfolgt mit freundlicher Genehmigung des Magistrats
der Stadt Erfurt.

Erste Auflage 1993

Layout und Umschlag: Hans-Werner Schirmer, Erfurt
Lektorielle Bearbeitung und Korrektur:
Dr. Roswitha Jacobsen und Dr. Heidemarie Schirmer, Erfurt
Gesamtherstellung: Druckhaus Erfurt
Printed in Germany
ISBN 3-86087-116-1

Inhalt

Epitaphium Helii Eobani Hessi

Quid stas, viator, aut quid hic circumspicis?
tumulumne vetis Hessici?
huic aetas nostra similem non ullum tulit
nec fors futura umquam feret.
tumulum quidem vides, ubi ossa condita
cinerisque reliquiae jacent;
sed mens supremum propter assidens patrem,
cui soli hic operatus fuit.
ubi intuetur quantum ubique gentium est
famae receptaculum suae.

Die Grabschrift des Freundes Micyllus

Was stehst du, Pilger, da? Und was blickst du umher?
Du suchst des Dichters Hessus Grab?
So brachte unsre Zeit nicht einen mehr hervor,
noch wird's in Zukunft je geschehn.
Zwar siehst den Hügel du, der die Gebeine deckt,
und seiner Asche Reste birgt –
doch lebt sein Geist bei Gott dem Vater immerfort,
dem er auf Erden diente stets.
Von dort wird er gewahr: so weit die Menschheit wohnt,
so weit verbreitet sei sein Lob.

Einführung

Zu einer ersten Beschäftigung mit dem Dichter Helius Eobanus Hessus (1488–1540) möchte die hier vorliegende kleine Studie anregen.

Besonders in Erfurt erhofft sie sich das Interesse von Lesern – hat doch der Dichter Hessus zur Blütezeit des Humanismus zwanzig Jahre seines Lebens an der Erfurter Universität verbracht; durchaus ist diese damals berühmte Bildungsanstalt im ersten Viertel des 16. Jahrhunderts durch ihn und seinen Freundeskreis mitgeprägt worden!

Ehe wir uns dem Leben und Werk des Dichters zuwenden, werfen wir einen kurzen Blick auf seine Nachwirkung.

Nach dem Tode Eobans in Marburg an der Lahn machte sich der um zwölf Jahre jüngere Freund und Kollege, Joachim Camerarius, daran, dem europaweit bekannten Poeten aus der Erinnerung heraus ein Denkmal zu setzen, indem er dessen Leben erzählte. Ebenso wie das umfangreiche literarische Werk des Dichters in lateinischer Sprache verfaßt ist, so ist es auch Camerars „Narratio de Helio Eobano Hesso" (1553). Wehmütig erinnert sich darin der Verfasser der mit Eoban gemeinsam erlebten goldenen Erfurter Jugendtage und spricht bewundernd von den großen Leistungen des Verstorbenen.

Wiegand Lauze, gleichfalls ein jüngerer Zeitgenosse des Dichters, dessen Vorlesungen er als Student in Erfurt besucht hat, schrieb 1560 ein größeres Werk über den hessischen Landgrafen Philipp und fügte der Darstellung ein eigenes Kapitel für Hessus ein: „Von des erleuchten und hoch begabten Poeten Helij Eobani hessi leben und absterben."

Bei diesem kleinen Exkurs von 15 Seiten hielt sich Lauze ziemlich genau an die lateinische Vorlage des Camerarius und machte sie, wesentlich gekürzt, auch Nicht-Lateinern zugänglich.

Trotzdem fiel die neulateinische Dichtung Eobans und andrer Poeten nach der Reformationszeit dem Vergessen anheim, weil die deutsche Sprache, vor allem seit Luthers Bibelübersetzung, eine Aufwertung erfuhr und das Lateinische zu verdrängen begann.

Nur noch an Gymnasien und bei entsprechender Einstellung der Lehrkräfte wurden neben antiken Schriftstellern gelegentlich auch neulateinische Werke übersetzt.

Mehr als 200 Jahre nach Lauze hat sich Gotthold Schwertzell um eine modernere Darstellung von Leben und Werk des Dichters bemüht; er hat erstmals auch die fünf Briefsammlungen ausgewertet, die durch Draconites und Camerarius von 1543 bis 1586 aus dem Nachlaß Eobans veröffentlicht worden waren. Schwertzells warmherziges „Lebensbild" von 1874, 128 Seiten stark, enthält noch keine vollständige Übersicht über das Werk; auch ist es heute kaum noch zugänglich.

Bereits fünf Jahre später gab Carl Krause nach jahrelanger Vorarbeit eine breit angelegte sorgfältige Arbeit über Helius Eobanus Hessus heraus, zwei Bände von zusammen 700 Seiten, bis heute das Standardwerk, das alle damals verfügbaren Daten enthält (1879). Erfreulicherweise ist es seit 1963 als Neudruck wieder zu bekommen.

In den USA hat seit den siebziger Jahren Harry Vredeveld sein Interesse dem vergessenen Dichter zugewandt; er ist dabei, die Werke neu herauszugeben. Die geplante Gesamtausgabe soll acht Bände umfassen. Von ihnen liegt der dritte Band bereits vor; er enthält, lateinisch und in deutsche Prosa übertragen, die Dichtung der Jahre 1528 bis 1537.

Dieser mit philologischer Akribie hergestellte und durch Reprints der ursprünglichen Titelseiten bereicherte Band ist 1988 von Vredeveld an den Verlag Peter Lang zum Druck übergeben worden; er bildet eine wertvolle Erinnerung an das Geburtsjahr des Helius Eobanus Hessus vor 500 Jahren.

Auch meine kleine Studie entstand im Zusammenhang mit Eobanus' fünfhundertstem Geburtstag. Die Tatsache, daß seine

Werke zum großen Teil seit 1563 nicht mehr gedruckt wurden und mir deshalb nur schwer zugänglich waren, hat ihren Abschluß verzögert. Als umso erfreulicher empfinde ich darum die jetzt in Arbeit befindliche Gesamtausgabe Vredeveldes. Frau Edeltrud Kändler in Witten hat mir mit viel Geduld und freundlichem Interesse bei der Erstellung des Manuskripts geholfen. Ihr möchte ich an dieser Stelle herzlich danken.

Witten, September 1992 Ingeborg Gräßer-Eberbach

1488–1509

Frankenberg und Erfurt

1. Kindheit und Name

Am 6. Januar 1488 erblickte Eobanus als ein Sonntagskind im Hessenlande das Licht der Welt. Als ältester Sohn bäuerlicher Eltern wurde er in der Nähe des Städtchens Haina geboren, einer damals durch ihr Zisterzienser-Kloster für die Umgebung bedeutenden Ortschaft; in diesem Kloster tat sein Vater Dienst, vermutlich als Koch, und Eoban selbst erhielt seine erste Schulbildung gleichfalls dort.

Über den eigentlichen Geburtsort Eobans sind die Angaben unterschiedlich. In Frage kommt Bockendorf, 3 km von Haina entfernt – hat sich doch Eoban als Humanist scherzend „Tragocomensis" („Böcksdörfler") genannt; in Frage kommt auch Halgehausen; dieses Dorf nennt Lauze, der längere Zeit selbst Vorsteher im Kloster zu Haina war und im Zusammenhang mit seiner „Hessischen Chronik" über Eobans Leben persönlich Nachrichten einholte. Camerarius nutzt diese Unsicherheit über Eobans Heimatdorf zu einem Vergleich des Dichters mit Homer, dessen Herkunft gleichfalls unbekannt blieb, „um dessen Wiege sich sogar sieben Städte streiten."

Wenn Eoban als Herkunftsort die größere Stadt Frankenberg angibt, so folgt er damit einer Gepflogenheit der Humanisten, jeweils einen bedeutenderen Ort in der Nähe als Heimat zu nennen, dessen Bekanntheit man auch bei Ortsfremden erwarten durfte.

„Pauper uterque fuit, sed sine labe parens" sagt Eoban von seinen Eltern. „Beide waren sie arm, aber ohne Tadel." Weitere Angaben über die Familie haben wir von ihm nicht, während Camerar einen jüngeren Bruder Eobans erwähnt, der zum

Handwerker bestimmt wurde, nachdem Eobans Ausbildung zum Gelehrten beschlossen worden war. Auch lesen wir nirgends, daß Eoban nach dem Aufbruch aus dem Elternhaus dieses jemals wieder aufgesucht habe. Es scheint, daß er mit seiner Entscheidung, Poet zu sein und sich einem Humanistenbund anzuschließen, gleichsam die alte Haut abstreifte, ein anderer wurde, der mit seiner Vergangenheit nichts mehr zu tun hatte. Daß aber eine gegensätzliche Einstellung auch unter Humanisten möglich war, zeigt das Beispiel des fast gleichaltrigen Landsmanns von Eoban, des Poeten Euricius Cordus: Er besucht die Heimat bisweilen und erwähnt die bäuerlichen Eltern auch in seiner Dichtung.

Eobans Hinwendung zum künftigen Gelehrtenstand vollzog sich schon in den ersten Schuljahren. Vor allem der Erwerb und Gebrauch der lateinischen Sprache bestimmten die geistige Richtung des Kindes: Der Weg vom Dorfjungen zum Studenten formte einen anderen Menschen aus ihm.

Dieser Verwandlung durch den Eintritt in den „Ordo der Poeten" diente auch die übliche Namensänderung. Indem man sich mit Leib und Seele den bewunderten „Alten" verschrieb, wurde man selbst zum spätgeborenen Römer oder Athener. Man hielt sich an die Regel, daß ein Poet nach römischem Vorbild 3 Namen haben müsse.

So hat sich Eoban später das Pränomen „Helius" zugelegt, womit er den Sonnengott als seinen Patron benannte und gleichzeitig ausdrückte, daß er als am Sonntag Geborener ein Kind der Sonne sei – und zum Cognomen wählte er die Bezeichnung „Hessus", um sich als Abkömmling des Hessenlandes zu bezeichnen; ein Abglanz seines Dichterruhms fiel somit auf die Heimat zurück. Solche Namengebung ließ den ursprünglichen Familiennamen in Vergessenheit geraten: Ob der in der Erfurter Matrikel als „Eobanus Coci" Eingetragene nun der Sohn eines Kochs war oder mit Nachnamen Koch hieß, ob der Vater gleichzeitig Koch hieß und Klosterkoch war, ist nicht mehr zu ermitteln. Eobans Nachfahren heißen „Hessus". Der Dichtername war Familienname geworden.

2. Schulbildung

Schon beim frühen Schulunterricht unter dem Abte Dietmar zu Haina fiel Eobans ungewöhnliche sprachliche Begabung auf; der Abt riet, diesem Jungen eine gelehrte Laufbahn zu ermöglichen, wozu das Kloster auch materielle Hilfe anbot. So begann sein Aufstieg aus der elterlichen Armut und Abhängigkeit. Ehe Eoban das Elternhaus verläßt, versuchen wir, aus den wenigen Belegen für diese Zeit eine Vorstellung von dem etwa Zehnjährigen zu gewinnen: Ein ländlicher Knabe, zwischen Fluren und Herden, vielleicht gelegentlich als Hütejunge eingesetzt – da gerade er und der schon erwähnte Bauernsohn Euricius Cordus die bukolische Dichtung, also Hirtendichtung, später besonders pflegen –, aufgeschlossen für literarische Erzeugnisse, und zwar der gedruckten lateinischen Poesie vor der mündlich vermittelten Volksdichtung mit Entschiedenheit den Vorzug gebend; ständig bemüht, dem ärmlichen Alltag durch poetische Aufschwünge antiken Glanz zu verleihen, mit heiterer Lebenszuversicht jegliche Probleme – häuslicher, religiöser oder politischer Natur – der einen großen Entdeckung, der Eroberung lateinischer Sprache und Literatur, unterordnend; dabei ein Menschenfreund von gewinnender Liebenswürdigkeit, der seine sehr früh verspürte Berufung zum Poeten auch als Aufruf zu reinem Lebenswandel auffaßt.
Seine gezielte Fortbildung geschah in Gemünden, der Heimat seiner Mutter, bei dem als tüchtig geschilderten, gebildeten Lehrer Johann Mebes, vom 10. bis 14. Lebensjahr. Latein war der Stoff und die Grundlage des gesamten Unterrichts in einem heute nicht vorstellbaren Ausmaße; es erweiterte, zumal in der Poesie, die Ausdrucksfähigkeit sensibler junger Leute außerordentlich, entfremdete sie aber gleichzeitig fürs ganze

Leben ihrer noch unbeholfenen, dem abstrakten Denken nicht angepaßten Muttersprache. Während wir bei Mutian, Eobans späterem bedeutenden Mentor, geb. 1417, noch viele deutsche Einsprengsel in seinen lateinischen Briefen finden, auch seine Lektüre von Brants Narrenschiff mehrfach bezeugt ist, gehört der 17 Jahre jüngere Eoban für immer zu den Vollblut-Lateinern, der die Hinwendung zum Deutschen, die er bei Luther und Hutten verwirklicht sieht, selbst niemals realisieren wird.

Von Gemünden wird Eoban nach Frankenberg geschickt. Hier steht der gelehrte Pädagoge Horläus – er war dereinst zu Deventer mit Erasmus und Mutian ein Schüler des berühmten Frühhumanisten Alexander Hegius gewesen – einer soeben neu gegründeten Lateinschule vor. Er bemüht sich als dezidierter Humanist, seine Schüler möglichst früh, über die Kenntnis antiker Autoren hinaus, zu deren freier Nachahmung zu bringen.

Nach Eobans eigenem Zeugnis war er selbst schon als kleiner Knabe beim Hören von Dichtung wie in eine andere Welt versetzt; lange Zeit meinte er, die Dichter gehörten einer vergangenen Ära an; so war es ihm wie eine Offenbarung, als Horläus seinen begabtesten Schülern die Gesetze antiker Versmaße erschloß und sie ermutigte, selbst Verse zu verfertigen.

Aus Camerars „Narratio" erfahren wir, wie unermüdlich und hartnäckig Eoban jetzt seine ihm geradezu entströmenden Erzeugnisse den Lehrern und Mitschülern zur Beurteilung vorlegte, so, daß er manchen lästig und aufdringlich vorkam! Ihm selbst erschien in einem nächtlichen Traume ein zur Abfahrt gerüstetes Schiff, das er bestieg und auf die hohe See hinaus lenkte, wobei er „die betenden Worte" murmelte: „Da tandém, fortúna, viám, iuvat íre per áltam!" = „Weise mir, Schicksal, den Weg; mich ergötzt es, zur Höhe zu fahren!"

3. Cordus

Hier in Frankenberg trifft er auch den oben erwähnten Euricius Cordus aus dem Bauerndorf Simtshausen, der mit derselben Strebsamkeit die poetischen Anregungen der Schule aufnimmt und später rühmt, Horläus habe den flüchtigen Musen in seiner Schule auf dem Gosenberg als erster festen Wohnsitz verschafft. Cordus ist um weniges älter als Eoban, geboren 1486, und hat es als Spätgeborener, als der Jüngste unter neun Kindern von gleichfalls bäuerlichen armen Eltern, weit schwerer als der Erstgeborene Eoban, seine ihm innewohnende geistige Begabung zu entwickeln. Vor allem fehlt ihm die strahlende Gutmütigkeit des Eoban, der jedem Mitmenschen herzlich begegnet und dadurch überall rasch das Wohlwollen von Lehrern und Gönnern gewinnt.
Cordus bleibt lebenslang ein eher finsterer, introvertierter Charakter, dessen Begabung es im besonderen verlangt, die Schwächen und Fehler anderer poetisch zu übertreiben. Cordus gelangt später als Eoban zum Studium nach Erfurt, verlegt sich auf spöttische Epigramme, kurze Gedichte mit scharfer Pointe. Er wählt für sich das Studium der Medizin und zieht als Poet neben Eoban trotz großer Tüchtigkeit das Los des Zweitbesten. Seine Poesie wird erst lange nach seinem frühen Tod 1535 wiederentdeckt; und besonders Lessing schätzt ihn als Vorbild und Anreger, zu einer Zeit, als Eobans zu Lebzeiten so weithin glänzender Dichterruhm fast gänzlich erloschen ist.
Wir lassen hier den Poeten Cordus sprechen:

„Dreifach erscheint die Gestalt eines Arztes:
ruft man zu Hilfe ihn, ist er Engel bereits;
hilft er, so wird er zum Gott.
Doch ist die Krankheit geheilt und er bittet
höflich, zu zahlen, schrecklich erscheint er sodann,
scheint gar der Teufel zu sein."

4. *Erfurt und Gotha*

Bis zu seinem Aufbruch aus Hessen liegen uns für Eobans Lebensgang nur spärliche, verstreute Angaben vor, die sich teils auch widersprechen. Nach seiner Ankunft in Erfurt jedoch fließen die Quellen reichlich, besonders im Umfeld seines väterlichen Mentors Mutianus Rufus.
Und so können wir hier etwas ausholen, um Eobans weitere Geistesbildung nachzuzeichnen.
Mit 16 Jahren bricht Eoban von Frankenberg zum Studium nach Erfurt auf. Sein nächstes Ziel, Magister der bonae artes zu werden, liegt schon fest. Denn sein Begleiter und Führer, Ludwig Christiani aus Frankenberg, ist bereits Magister, darf also zu Erfurt Kollegs halten, Schüler in sein Domizil aufnehmen und in die Studien einweisen; Eoban gehört dazu. Eine außerordentlich wichtige Begegnung für Eoban fällt in diese Zeit der Übersiedlung nach Erfurt: Er kehrt mit Christiani zu Gotha bei dem Kanoniker Conradus Mutianus ein und darf ihm Proben seiner Dichtkunst vorlegen. Mit seiner frappierenden Belesenheit in antiken Schriftstellern galt Mutian bei den Humanisten Erfurts, ja ganz Deutschlands, als der beste Kenner des Altertums neben Erasmus und Reuchlin; sein Urteil wurde, obwohl er mit Lob für junge, aufstrebende Dichter keinesfalls geizte, wie ein Orakel aufgenommen; und so empfand Eoban die Verszeile des Mutian, welche ihm dieser kurz nach Beginn ihrer Bekanntschaft in einer Brief-Elegie zusandte, als die Bestätigung seiner Berufung, als Zusicherung, daß er „aufgehendes Dichtergestirn“ sei:
„Hesse puer, sacri gloria fontis eris!“= „Hessischer Knabe, der Stolz wirst du des heiligen Quells!“
Mit dem „Heiligen Quell“ war die Dichtkunst gemeint, wie damals jeder Musenjünger richtig verstand. Hüterinnen dieses Quells waren die Musen, nach ihrem Sitz auf dem Gebirge Pïeria in Thrakien die „Pïeriden“ benannt; auch Camoenen,

oder Camenen, „die Singenden“, geheißen. Sie umflatterten wie Schutzgeister jeden Poeten, den weiblichen Heiligen des Kirchenkalenders ähnlich, aber begehrenswerter, jugendlicher als diese, der Morgenröte vergleichbar. Für Eoban, der kaum Prosa, aber reichlich Poesie schrieb, sind sie unentbehrliche Begleiterinnen. In einer Elegie zum Lobe der Universität Erfurt, kurz nach seiner Ankunft verfaßt, schildert er, wie er zuerst schüchtern aus der Ferne dem keuschen Spiel der Musen zusieht, bis er von dem Humanisten Maternus Pistoris aus Ingweiler bei der Hand ergriffen und in den „Reigen der neun Schwestern“ geführt wird. Maternus war Professor der Theologie an der Erfurter Universität und dabei entschiedener Förderer der lateinischen und griechischen Sprache.

Solcher Ermutigung durch berühmte Männer bedurfte der noch ängstliche Sechzehnjährige; daher nahm er auch Mutians Zuruf mit höchstem Glücksgefühl auf:

> „Ich glaubte mich auf den hohen Gipfel des Parnaß emporgerissen! Ein solches Brausen war in der glühenden Brust entstanden...
> Zwar bin ich nur ein Knabe; doch ein Knabenhirn hat Kräfte! O, Heil mir, wenn ich der Stolz des Heiligen Quells werden darf!“

Und:

> „Indem du (Mutian ist angeredet!) mir zulächelst, ertönen meine Saiten in neuem Schwunge!“

Während der unruhige Student Ulrich von Hutten, vom Studium zu Köln unbefriedigt, für nur kurze Zeit im Sommer 1506 zu Erfurt weilte und mit dem Kreis der dortigen jungen Humanisten nur wenige Male bei Mutian einkehrte, wurde für den gleichaltrigen Eoban in diesen Jahren Erfurt zur geistigen Heimat, die er (mit zwei Unterbrechungen) zwanzig Jahre beibehielt und erst vier Jahre vor seinem Tode endgültig hinter sich ließ.

5. Universität Erfurt

Die Universität Erfurt war die fünfte auf deutschem Boden. Hatte Italien im 12. Jahrhundert mit Bologna, Salerno und Padua den Reigen eröffnet, danach Frankreich mit Paris rasch gleichgezogen, so war England im 13. Jahrhundert durch Oxford und Cambridge würdig repräsentiert worden. Erst im 14. Jahrhundert entstanden nun in kurzem Abstand die deutschen Hochschulen: Prag 1348, Wien 1365, Heidelberg 1385, Köln 1388, Erfurt 1392.

Im 15. Jahrhundert kamen weitere Hochburgen der Gelehrsamkeit hinzu: Leipzig 1409, Rostock 1419, Greifswald 1456. Trier und Ingolstadt 1472, Mainz und Tübingen 1477.

Schließlich, zu Lebzeiten der Mutianjünger, wurden zu Wittenberg 1502, zu Frankfurt/Oder 1505 und Marburg 1527 neue Universitäten gegründet, die sich dem Humanismus öffnen und, im Falle Marburgs, der Reformation eine gelehrte Freistätte schaffen wollten.

Unter den ältesten fünf Universitäten hatte Erfurt den Ruhm, eine freie, kritische, dem Neuen gegenüber offene Haltung einzunehmen, unabhängig zu sein von der Kirche, also von der seit Jahrhunderten etablierten Scholastik. „Erfordia Praga!“, diese stolze Redensart besagte, daß die Aufsässigkeit der Prager Studenten und Professoren seit dem gewaltsamen Ende von Hus (1415) auf Erfurt übergegangen sei – wohin im Jahr 1409 eine große Zahl Prager Professoren ausgezogen war.

Nach der Gründung war die Erfurter Universität seit der Mitte des 15. Jahrhunderts Wanderziel vieler fahrender Poeten geworden, welche in rein scholastischen Hochschulen (wie ganz besonders in Köln) keinen Raum für ihre neuen Ideen fanden.

Ihre unabhängige, fast antiklerikale Haltung bezog die Universität Erfurt aus dem Umstand, daß zu ihrer Gründung, zur Zeit des Großen Schismas (1378–1417), zwei zerstrittene Päpste nacheinander ihre Bewilligung gegeben hatten, worunter die Glaubwürdigkeit Roms bei den Bürgern erheblich zu leiden begann. Als sich etwa 40 Jahre danach beim Basler Konzil (1431–1449) das konziliare Element gegen den Papststuhl durchzusetzen versuchte, war es die Erfurter Gelehrtenschaft, die den Konziliaristen beipflichtete, während die meisten deutschen Hochschulen sich hinter die päpstliche Macht stellten. Diese antipäpstliche Einstellung behielt Erfurts Universität bei: Theologie und Philosophie fühlten sich der „Via moderna" verpflichtet. Studenten, die in Italien die freie Luft humanistischer Weltanschauung geatmet hatten, wählten die Universität Erfurt als den Freiheitsraum für ihre neue geistige Richtung. Nur in Erfurt war den Studierenden eine Teilnahme an der Rektorwahl gestattet. Die Universität war die Schöpfung einer freien Bürgerschaft. Nie hatte zu Erfurt die Scholastik in der Bildung so dominiert, daß in den Erfurter Knabengymnasien die Lektüre klassischer Autoren unterblieben wäre. Man las dort schon um 1300 Juvenal, Terenz, Horaz, Plautus und vor allem Vergil!

Allerdings stand auf dieser frühen Stufe der Hinwendung zur Klassik noch der *Zweck* der literarischen Studien, die Handhabung der Kirchensprache, im Vordergrund, nicht der *Genuß*. Erst bei wachsendem Einfluß der „fahrenden Poeten" ging man unbefangener an den Aspekt des Schönen in der klassischen Literatur heran. Um 1460 lehrten die Florentiner Peter Luder und Jacob Piblicius in Erfurt; 1486 tauchte Conrad Celtis auf; seine Kollegs bedeuteten für viele Studenten eine Art Befreiung vom scholastischen Joch. Unter ihnen war auch Mutian, der spätere Mentor der Erfurter Humanisten.

Von Celtis stammte die Idee, in Gemeinschaften, die er „sodalitates" (Genossenschaften, Bruderschaften) nannte, an jeder deutschen Universität die Poeten zu vereinigen. „Poeta" durfte sich jeder Vertreter der neuen humanistischen Richtung nennen, wenn er ein elegantes Latein sprach und schrieb, sich mit Literatur der Antike befaßte und gelegentlich Verse nach anti-

ken Vorbildern produzierte. Durch die „sodalitates“ fand ein Poet überall Freunde vor und konnte freundschaftliche Aufnahme erwarten.
Überblicken wir die knapp 5 Studienjahre Eobans an der Universität (1504–1509), so fällt uns auf, daß er sich unauffällig den althergebrachten Normen unterordnet, Kollegs im Übermaß besucht, seine Prüfungen ohne Zeitverschwendung ablegt (Bakkalaureus wird er nach vier, Magister nach acht Semestern), sich mit allen Professoren gut stellt, keinerlei Verweise erfährt wie einige übermütige Freunde, also in jeder Hinsicht den gängigen Erwartungen entspricht. Sein eigenes Leben findet jedoch vorwiegend im Kreise Mutians statt, in Freundschaft mit gleichgesinnten Studenten und jungen Geistlichen, die sich dem humanistischen Idealbilde vom sich selbst – durch Nachahmung und Verinnerlichung der Antike – adelnden Menschen verschrieben haben.

6. Das Vorbild Mutian

Hier ist der Ort, die geistige und geistliche Quelle, aus der Eoban seit seiner Ankunft in Erfurt schöpfte, nämlich die Persönlichkeit des Kanonikers Mutian und dessen Einstellung zur überkommenen Religiosität etwas näher zu beleuchten. Haben doch Eoban und seine etwa gleichaltrigen Poetenfreunde in Erfurt jahrelang fast ausschließlich unter dem Einfluß dieses merkwürdigen Charakters gestanden!
Mutian stammte aus dem hessischen Städtchen Homberg, wo sein Vater als höchst angesehener Bürgermeister wirkte; dessen beide tüchtigen älteren Söhne zeichneten sich in praktischen Hofämtern (für Mainz und Hessen) aus; jedoch starben sie beide früh: 1495 und 1504.
Das Lebensideal des dritten und jüngsten Sohnes, Conrad Muths (1471–1526), war ein gänzlich anderes. Ein Bildungsaufenthalt in Italien schloß sich bei ihm an das Studium in

Erfurt an; und in Florenz hatte er das große Glück, die Neuplatoniker Pico della Mirandola und Marsilius Ficinus persönlich Kollegs lesen zu hören, mit ihnen bekannt zu werden. Auch Eindrücke von Rom, der ewigen Stadt, verschaffte er sich; und in Bologna erwarb er den Doktorgrad als Jurist.

Die ganze Italienreise umfaßte 7 Jahre; danach blieb Muth in Deutschland und reiste nicht mehr. Die humanistische Lebensauffassung hatte ihn ganz und gar durchtränkt; ein Menschenleben schien ihm gar nicht auszureichen, um die verschwenderische Fülle der antiken Welt aufzunehmen, weshalb er, nach kurzem Gastspiel als Kanzlist beim Landgrafen zu Hessen, jeglichem Weltdienst entsagte. Er übernahm im Herbst 1503 ein bescheidenes Kanonikat an der Marienkirche zu Gotha, um fern der Welt in stiller Zurückgezogenheit nur der Wissenschaft zu leben, analog dem Gleichnis von der *einen* kostbaren Perle.

Ein hinlängliches Jahresgehalt von 60 Gulden erfüllte seine wenigen Bedürfnisse: Gäste zu bewirten, einen Knaben als Diener und Schreibgehilfen zu unterhalten, und vor allem: Bücher zu kaufen. Für diese exklusive Lebensweise zuvor in den geistlichen Stand zu treten – als regulierter Augustiner – war ihm leicht gefallen. Mit goldnen Buchstaben ließ er die Worte „Beata tranquillitas" (Glückseliger Ruhestand) über die Haustüre seines käuflich erworbenen Häuschen setzen. Vorm Eingang zu den gastlichen Wohnräumen prangten die Worte: „Bonis cuncta pateant!" (Den Guten soll alles offenstehen!) Schon die Tatsache, daß diese beiden Sprüche zur Bezeichnung der Seelenlandschaft Mutians bis heute überliefert werden, läßt ahnen, wie treffend sie ihn bezeichnen. Mutian war ein innig frommer Mann, der beim Betrachten biblischer Bilder oft weinen mußte – aber von seinen „barbarischen", primitiven Mitkanonikern fühlte er sich um Welten getrennt. Ohnehin glaubte er, ernste religiöse Gefühle ebenso wie die Schätze der Antike vor dem gemeinen Volke verbergen zu sollen – wieviel mehr also seine in Italien erworbene Erkenntnis, daß der antike

Götterhimmel mit dem biblischen Gott und der Jungfrau Maria samt allen Heiligen in eins zu setzen sei!
„Nur die Namen“, schreibt er, „sind andere.“
So war er trotz seiner schönen Bibliothek ein einsamer Mensch, bis ihm 1504 ein ehemaliger Erfurter Schüler, der Zisterziensermönch Heinrich Urban, aufs neue in den Weg geriet. Dieser war lernbegierig und strebsam. Er erwies sich bereit, die humanistische Bahn mit Mutian zu wandeln. Aus dem nun einsetzenden fast täglichen Briefwechsel der beiden (denn Urban wohnte im nahen Georgenthal) entsteht für den heutigen Leser ein faszinierender Einblick in die „Beata tranquillitas“ Mutians.
Urban wurde übrigens von Mutian veranlaßt, die bisher versäumten Grade des Baccalaureus und des Magisters in Leipzig noch zu erwerben. Er erlangte die beiden Titel 1509 und 1510, und er konnte anschließend als Klosterverwalter in Erfurt für Mutian auch in praktischer und finanzieller Hinsicht von bedeutendem Nutzen sein.

Wie durch ein halbgeöffnetes Fenster (leider sind fast nur Mutians, kaum Urbans Briefe erhalten!) blickt der heutige Leser solcher Briefe über den Abstand von fast 500 Jahren hinweg in die Blütezeit des Erfurter Humanismus.
Zum Bunde Mutians mit Urban trat bald der junge Spalatin (Georg Burkhard aus Spalt) hinzu, für dessen weiteres Fortkommen Mutian Sorge trug: Als Prinzenerzieher empfahl er ihn an den Hof Friedrichs des Weisen.
Schon ein Jahr nach dem Aufbruch dieses „Triumvirats“ fanden sich rasch nacheinander weitere Bundesgenossen ein und erweiterten den schöngeistigen Kreis, welchen Mutian nun als „Ordo“ bezeichnen konnte. Jedem der „so dales“ verhalf er als Altmeister zu einem lateinischen, womöglich dreigliedrigen Namen; auch ein passendes Wappen wurde den jungen Leuten geschaffen und an der Wand über dem Platz des jeweilig Bezeichneten angebracht.

So hatte Spalatin wegen seiner Frömmigkeit von Mutian den Storch zum Wappen erhalten, Crotus (Jäger) das Jägerhorn,

Medaillon-Modell für Georg Spalatin; Gotha; Schloß Friedenstein

Urban ein halbes Rad. Der Satiriker Cordus wurde mit dem Igel versehen, der die Stacheln spreizt. Man findet 16 dieser Wappen noch heute in der Erfurter Universitätsmatrikel (Bd. 2, Blatt 124) auf Pergament farbig abgebildet. Sie datieren vom Wintersemester 1520, als Crotus zum Rektor gewählt war.
Den Eobanus hatte Mutian schon bei der ersten Begegnung als einen begnadeten Dichter erkannt. Was lag für ihn daher näher als der Schwan? Seit der Antike war der Schwan Sinnbild des Poeten. Er galt als Diener des Gottes Apollon, darum wahrsagend, indem er, vor seinem Tode besonders, den Schwanengesang erhebt; sein makellos weißes Gefieder ließ ihn als Symbol des Lichtes erscheinen.

Und so erhält Eoban das edle Wappenbild des Schwans zugeteilt, der sich, auf dem Lorbeerzweig sitzend, mit dem Haupt zu den Wolken erhebt. „Eobanus Schuanus" nennt Mutian liebevoll seinen poetischen Lieblingsjünger, hier um des Reimklanges willen auf das griechisch-lateinische Wort „cygnus" verzichtend.

Häufig wanderten nun die Erfurter Musenjünger nach Gotha und wurden durch Mutian mit den Schätzen der Antike vertraut gemacht. Wir nennen hier nur einige Namen aus dem Kreise der „Poeten" und „Humanisten":

> Die Brüder Heinrich und Peter Eberbach
> (Aperbacchius);
> Herebord von der Marthen;
> Crotus,
> der spätere Initiator der Dunkelmännerbriefe;
> Ulrich von Hutten,
> von Crotus bei Mutian eingeführt;
> der Poet Trebelius,
> dem der Dichterlorbeer zuteil wurde;
> der rauhe und ehrliche Euricius Cordus,
> vormals Heinrich Solde.
> Weiter etwa Menius, Jonas, Crafft und Drach
> (Crato und Draco),
> der Augustiner Lange
> und Camerarius (Joachim Kommermeister),
> dem wir die schöne „Narratio de Helio
> Eobano Hesso" verdanken,
> der Jüngste des „Ordo" Mutians.
> „Kann wohl alles Gold der Erde mit
> dem Vergnügen des Geistes verglichen werden,
> welches Gelehrte aus der Lieblichkeit
> der Wissenschaften schöpfen?" fragt Mutian
> euphorisch seine jungen Freunde.

All sein übriges Geld – und mehr, als er hat! – gibt er für neue Bücher aus; schon die neuesten Titel zu erfahren, läßt ihn

Freude empfinden. Ja, er bemüht sich um Buchkäufe an der Quelle, beim Verlagshaus des Aldus Manutius in Venedig, indem er durch die Fugger vier Goldgulden hinsendet. Denn: Ein Tag ohne Bücher ist ein verlorener Tag! Dies ist seine Warnung an alle Musensöhne; und selbst seine knabenhaften Diener, die „Amanuenses", müssen in freien Stunden griechische, hebräische Buchstaben schreiben oder Latein lernen – obwohl sie nur als Küchenjungen, Wasserträger und Laufburschen eingestellt sind.

7. Mutians Religion

Das eigentlich Wesentliche ist für Mutian, nach dem System der Florentiner Neuplatoniker, *der Geist* – alles Körperliche, Sichtbare nur die unwesentliche Hülle. Verschiedene Götternamen sind daher nur „Schall" für denselben göttlichen Geist. „Wenn ich Jupiter sage, so meine ich Christum und den wahren Gott." Festtage der Heiligen lassen Mutian an die Götter der Antike denken: Der heilige Georg entspricht dem Gott Mars; der heilige Martin erinnert an Bacchus.

Warum sollte Christi Erdenwandel auf nur drei Dezennien beschränkt gewesen sein? Als „die Weisheit Gottes" hat er vermutlich auch vormals schon alte Kulturen – etwa Griechen, Römer, Germanen – der Seligkeit zugeführt. So ist der Kreuzestod Christi unwichtig. „Der wahre Christus ist Seele und Geist." Deshalb haben Fegefeuer und Seelenmessen für die Toten keinen Sinn; sämtliche Kirchenbrüche sind suspekt: „Ein reines Herz und Liebe zu Gott wie zum Nächsten, nur das wird vom Christen gefordert."

Auch Kirchenspenden und Kerzen, vor allem aber das Fasten, meint Mutian, sind abzulehnen, ebenso mönchisches Gebetsgemurmel und der Reliquiendienst.

In Rom hat Mutian die verrotteten kirchlichen Zustände erlebt – und verachtet! Gerade dadurch erhebt er sich zu höchster

Auffassung von wahrer Religion. Die Bibel und die Kirchenväter zu lesen, ist ihm täglicher Trost – und daneben das Fundament seiner Kritik an der kirchlichen Praxis.
Aus *echter* Frömmigkeit sind ihm deshalb Frivolitäten auch bei seinen freigeistigen Schülern verhaßt; Streitigkeiten dieser untereinander oder gar mit den geistig unbedarften Dienern der Kirche untersagt er gänzlich. Denn gütliches Auskommen ist jederzeit möglich, wenn nur die wahrhaft religiösen Geheimnisse vor Geistlichen und dem Pöbel verhüllt bleiben.
Daß Mutian außer den Briefen nichts Literarisches verfaßt hat, ist gleichfalls in dieser erwünschten Exklusivität begründet. Von seinen jungen Verehrern bestürmt, doch selbst als Poet zu wirken, gibt er zur Antwort: „Auch Christus und Sokrates haben nichts aufgeschrieben." Ihm mache es größere Freude, sich über die Torheit andrer Poeten zu belustigen – seine Produkte erschienen ihm nie vollendet genug.
Als widersprüchlicher Charakter zeigt er sich jedoch über die Werke der Schüler aufs höchste entzückt; er kann junge Talente, wie Eoban und Cordus, gar nicht genug anspornen. Die Dichtkunst erscheint ihm so hoch und heilig wie die wahre Religion – und wenn er für die scholastisch-philosophische Fakultät in Erfurt einen einzigen Lehrer als genug erachtet, so möchte er zum Unterricht in den alten Sprachen und in Politik gleich zehn Professoren angestellt wissen.
Mit dieser reichen, liberalen Weltanschauung wirkte nun Mutian auf das Gemüt und den Geist Eobans in dem prägsamsten Alter des jungen Mannes, vom 16. bis zum 21. Jahr. Und als Eoban nach kurzer Unterbrechung ab 1514 wieder in Erfurt lebt, bleibt er auf weitere zwölf Jahre im Bannkreis seines verehrten Gönners, bis zum Tode des Meisters am 30. März 1526.

8. Ordo poetarum

Als Eoban nach Erfurt kam (1504), bestand hier schon länger ein Bund der „Poeten", eine eigentliche Humanistenschule im Rahmen der Universität, die der Gelehrte Nicolaus Marschalk betreute. Sein Einfluß brachte es bereits 1501 zuwege, daß in Erfurter Druckereien auch griechische Drucktypen geschaffen wurden, so, daß man nun durch moderne Grammatiken (z. B. die Priscians) im Frage- und Antwort-Stil die alten scholastischen zu ersetzen vermochte. 1502 war Marschalk an die soeben neu gegründete Universität Wittenberg berufen, dafür sein Freund und Nachfolger Maternus Pistoris zum Mittelpunkt der Erfurter Poetenschule gewählt worden, von welchem sich der schüchterne Abkömmling Eoban so gut aufgenommen fand. Ihn löste Mutian in der Betreuung der jungen Leute ab. Wie oben dargestellt, fand er eine beglückende Lebensaufgabe darin, junge Talente zu entdecken und auszubilden.
In diesem anregenden Kreis entwickelt Eoban seine literarischen Talente, seine auf Lebensfreude angelegte Geselligkeit; hier fördert Mutian mit liebevoller Kritik seine Fähigkeit, eine literarische Aufgabe zügig und leichthin zu erledigen. Seine angeborene Begabung, Wortfülle und zierliche Sprache über Themata auszuschütten, die er bei den „Alten" oder den italienischen Renaissance-Poeten vorfindet, sieht er bei Mutian hochgeschätzt. Er ist „der einzige Poet seiner Zeit, der seine Verse gleichzeitig macht und niederschreibt." Und so strömt seine Muse verschwenderisch weiter bis zum 47. Lebensjahr. Erst in Marburg, 4 Jahre vor seinem Tod, wird der Quell eigner Poesie bei Eoban allmählich versiegen und seiner zweiten Begabung weichen, hebräische, griechische (und gelegentlich deutsche) Werke in lateinische Verse zu übertragen.
Nicht nur die literarischen Versuche, auch die Sitten der jungen Poeten werden von Mutian geadelt und verfeinert. Unablässig mahnt er, den oft hämischen „Sophisten" als den

Anhängern der Scholastik keinen Anlaß zum Tadel zu geben, sich übermütiger Streiche und Streitigkeiten, besonders aber der feilen Liebe, ja der Frauenliebe überhaupt, da beides der Poesie eines Gelehrten abträglich sei, gänzlich zu entschlagen. Handgreiflichkeiten oder poetische Differenzen innerhalb seiner Schar haßt Mutian; er besänftigt und mahnt zum Frieden – ist doch „von außen" täglich mit gehässigen Anfeindungen zu rechnen!

„Unser Weg, Urban, ist einfach, schmal, steil und schwierig, von starrenden Dornen rauh oder durch drohende Felsen verengt, so daß ein jeder nur mit großer Anstrengung und Ermüdung der Füße, und mit großer Angst vor dem Fallen, wandeln muß... Das Ziel aber unseres Lebens ist Gerechtigkeit, Mäßigkeit, Geduld, Eintracht, Wahrheit und einträchtige Freundschaft, wie sie zwischen Spalatin und dir, zwischen euch und Mutian besteht..."

Solchen moralischen Forderungen genügt Eobans heiteres, treuherziges Wesen aufs schönste. Streit ist seiner Seele fremd; Gradlinigkeit läßt ihn vom „Laster der sexuellen Leidenschaft" unberührt bleiben. Auch in *seiner* Wertschätzung steht literarische Produktion an erster Stelle, an zweiter das unverdrossene Studium der antiken Vorbilder. Ovid und Vergil stehen allen anderen voran; ihre gängigen Versmaße, reine Hexameter, als „das heroische Maß", oder Hexameter mit dem Pentameter zum Distichon vereinigt und als „das elegische Maß" den nachdenklicheren Stoffen zugestanden, bilden sich bei Eoban zur weiten Muttersprache aus; in ihnen lebt und webt sein wendiger Geist; später fügt er seinem Können noch sapphische und horazische Strophenmaße hinzu. Hier die Probe eines Distichons:

> „Non genus, aut proavos numero, non stemmata avorum. Virtute o utinam nobilis esse ferar!"
>
> „Nicht Adelsgeschlecht, nicht Ahnherren kann ich aufzählen, nicht Wappenbilder der Vorfahren.
> Möge aber doch von mir gelten, ich sei durch Tugend von Adel!"

9. Erste größere Werke: „Pugna“ und „recessus“

Die beiden ersten größeren Dichtungen Eobans weisen vom Inhalt her merklich auf Homer und Vergil: So, wie der Kampf um Troja (Ilias) und die Irrfahrten des Odysseus (Odyssee) bei Vergil mit der Aeneis, äußerlich im engsten Anschluß an Homer, wiederaufgenommen sind, so läßt uns der Student Eoban „den Kampf der Erfurter Studenten mit einigen Rabauken“ (nebulones) aus der Erfurter Arbeiterschaft dichterisch miterleben, wobei die Göttin Athene als Schützerin der akademischen Jugend auftritt – er besingt sodann die „Flucht der Studenten aus Erfurt“ beim Ausbruch der Pest 1506: Wie er mit einigen Freunden vor der Seuche aus der Stadt flieht, nach dem heimatlichen Frankenberg; dort wird die kleine Gruppe von den Bürgern freundlich aufgenommen; sie setzt ihre Studien unter Anleitung dreier Magister fort, um nach Abklingen der Seuche ein halbes Jahr später nach Erfurt zurückzukehren.
„De pugna studentum Erphordiensium cum quibusdam coniura tis nebulonibus“ umfaßt 54 Distichen; „De recessu Studentum ex Erphordia tempore pestilentiae“ ist in 230 reinen Hexametern gehalten, deshalb als „Carmen heroicum“ bezeichnet. Beide Gedichte kamen 1506 zum Druck; Eoban war erst 18 Jahre alt und erregte doch bereits höchstes Aufsehen unter humanistisch Gebildeten. Besonders Mutians Bewunderung für sein Können war grenzenlos.
Vergleicht man die beiden Jugendwerke, so ist das zweite durchaus lebendiger, eleganter im Ausdruck; vor allem ist die bei Poeten sonst so beliebte mythologische Überfrachtung – womit sie ihre Gelehrsamkeit unter Beweis stellen – in der zweiten Dichtung beträchtlich gemindert und diese darum viel lesbarer: Schon befreit sich Eoban von den übertriebenen humanistischen Vorschriften und findet zu eigenem Stil. Übrigens wendet er sich in beiden Werken am Schluss gegen die hämischen Kritiker seiner Verse – wir haben sie im Lager der

Scholastiker zu suchen –, die er mit dem Namen „Zoilus“ (Eiferer) personifiziert; er bittet diesen Zoilus, seine „Carmina puerilia“ (kindliche, unreife Gesänge) in gerechter Prüfung, „aequo animo“, zu wägen und günstig zu bewerten.

10. Grundsätze für Poeten

Mutian, sein stetiger Gönner, verbindet das schmeichelhafteste Lob für die beiden Arbeiten mit ernsten Mahnungen, nach solch durchschlagendem Erfolg von den wissenschaftlichen Studien erst recht nicht abzulassen. Seit dem Herbst 1506 liegen uns seine Briefe aus Gotha nach Erfurt an den jungen Poeten vor; sie deuten eine schon vorher geschlossene Freundschaft an, deren Beginn leider im Dunkeln liegt. In seinen Briefen drängt Mutian, jetzt ja nicht zu ermüden, sondern tapfer auf dem eingeschlagenen Wege weiterzugehen – zumal Eoban soeben, Herbst 1506, Bakkalaureus geworden ist. Wichtige Grundsätze zur Nachahmung der „Alten“ schärft er ihm ein: Nicht bloß deren Sprache, auch ihre Stoffe sind zu beachten, zu achten! Nicht mit Kommentaren, Lexika und Grammatiken vergeude ein Poet seine Zeit! Er halte das Sammeln von Zitaten, selbst wenn der göttliche Erasmus dies vorgemacht hat, nicht für den fruchtbarsten Weg! Er schreibe im Stile der Alten und kehre immer wieder zur Lektüre ihrer Werke zurück! Er meide den dunklen, unverständlichen Ausdruck, ebenso aber das mechanische Abschreiben.
„Errant indocti, verbum e verbo exprimentes” = „falsch machen‘s die Ungebildeten, wenn sie wortwörtlich übersetzen.“

Auch den rasch aufkeimenden Hochmut angehender Poeten geißelte Mutian, indem er Horaz zitierte:
„Vésanúm tetigísse timént fugiúntque póetam quí sapiúnt.“ = „Dem rasenden Poeten nahezukommen, fürchten und fliehen die Weisen.“

11. Schulamt zu St. Severi

Da Eoban trotz seinem frühen Ruhme immer liebenswürdig und „der Keuschheit zugetan“ blieb, sich seinen arglos-heiteren Charakter erhielt, wurde er in dem Kreis zum Liebling des väterlichen Meisters; und als sich bald die Armut Eobans bemerkbar machte, nutzte Mutian all seine Beziehungen, um dem darbenden Poeten eine Verdienstquelle aufzuspüren. Schließlich fand sich ein Domherr bereit, Johann Bonaemilius aus dem hessischen Laasphe, Eoban als Schulrektor an seiner Domschule zu St. Severi anzustellen, ihm zudem einen Kosttisch bei sich zu gewähren.

Noch war es unüblich, ja, es galt als Schande, für literarische Erzeugnisse beim Drucker ein Honorar zu fordern – stattdessen blühte das Maezenatentum mit recht unerfreulichen Auswüchsen: Schmeicheleien, in poetischer Form, an einen reichen Potentaten gerichtet, waren der übliche Weg, um Karriere zu machen; denn neben materieller Zuwendung brachte die Wertschätzung durch einen Berühmteren auch Ehre ein! Deshalb widmet Eoban dem Bischof als seinem Gönner jetzt seine bisher umfangreichste Dichtung, 600 Hexameter lang: „Lob und Preis der berühmten und in ganz Deutschland höchst gefeierten Universität zu Erfurt“ (1507):

Erfurt möge es verzeihen, so bittet er am Anfang, daß er erst im dritten Sommer seines Aufenthaltes die Universität besinge! – Nun aber tut er dies, in übermäßigen Lobsprüchen, in Vergleichen und Mythen Rom und Athen samt deren Götter- und Sagenwelt schwelgerisch einbeziehend. Von den 4 Fakultäten der Hochschule werden die Vertreter, Theologieprofessoren, Philosphen (welchen auch die Pflege der Sprachen, der Poesie und Rhetorik oblag), endlich die Juristen erschöpfend gerühmt; und Eoban macht zwischen den Scholastikern und Humanisten keinerlei wertenden Unterschied! – einzig die Medizin, welche zu Erfurt stark vernachlässigt war, erscheint ihm nicht erwähnenswert. Statt ihrer erhält die Freundlichkeit Erfurts, welches auch den armen Studenten fördert, ein geziemendes Lob; und um hier ein Beispiel zu nennen und seinem unmittelbaren Helfer zu schmeicheln, kehrt er zu der glänzenden Stellung des Domherrn und Titularbischofs aus Laasphe zurück, dem das Gedicht gewidmet ist.

Solche Preisgedichte – wir nennen zum Vergleich Huttens Lobpreis für den in Mainz einziehenden Albrecht von Brandenburg 1514 – brauchten nach Humanistengeschmack nicht nur Realitäten zu enthalten; sie sollten überhöhen, ewigen Glanz verleihen – und dem Poeten etwas einbringen! Auf diese Weise erhielt Eoban 1507 die Rektoratsstelle zu St. Severi. (Noch heute kann der Tourist den hochragenden Dom im Herzen der Stadt bewundern, den ausladende Treppenstufen mit der Nachbarkirche, St. Severi, zu einem edlen städtebaulichen Panorama verbinden). Hier aber sehen wir ihn nun plötzlich in die Schranken der Realität verwiesen: Weder paßt der Beruf des Schulmeisters zu dem bisher so freien Poeten, noch ist das Honorar bedeutend genug, ihm aus der Armut zu helfen.

Nicht zu klären ist, seit wann der Bischof aus Laasphe seinen Landsmann in Erfurt unterstützt hat; daß er ihm jedoch nach einem knappen Unterrichtsjahr aus Unzufriedenheit mit Eobans Unterrichtsweise erst den Kosttisch, dann das Schulamt entzog, das ist durch klagende Briefe Eobans, durch mißmutige Elegien an Freunde, vielfach bezeugt:

„Poena gravis nobis pro munera contigit!“ = „Schwere Pein hat mich – als Dank für meine Leistungen – betroffen!“ klagt Eoban, und fügt, sich an die ganze Stadt als Kollektiv der Neider und Spießer wendend, hinzu: „at tu, urbs ingrata, vale!“ = „Und du, undankbares Pflaster, laß dir‘s wohlergehen!“

12. *Bucolicon*

Dem Poeten wird auch sein Unglück zum Nutzen: Nach dem Verlust des Schulamtes, der unwiderruflich blieb, stellte der Dichter in seiner Armut ein Werk fertig, wie es ihm an Umfang und Eingebung nur noch *ein* weiteres Mal gelingen sollte: sein Bucolicon, einen ganzen Zyklus von elf Hirtengedichten (in Nachahmung Vergils), 1509 vollendet; er hat diese Dichtung fünf Jahre später durch die „Heroiden“, einen Zyklus von „Briefen überzeugter Christinnen“ aus Bibel, Heiligenlegende und Geschichte (diese in Nachahmung und im Gegensatz zu den Heroiden Ovids), noch überboten.

Eoban hat im Sommer dieses literarisch so produktiven Jahres den Magistertitel erworben und damit das Recht, jetzt als Dozent an der philosophischen Fakultät zu lehren. Möglicherweise stellt er jetzt seine Idyllen, welche das Bucolicon umfaßt – er nennt sie auch „Eklogen“ nach dem Vorbild des griechischen Idyllendichters Theokrit – der Öffentlichkeit vor; so pflegten es die Wanderpoeten mit ihren Werken zu halten. Mit dieser literarischen Gattung, die ins 4. Jahrhundert vor Christus zurückreicht und von Vergil um die Zeitenwende neu belebt worden war, hatten in Italien die Renaissancedichter Petrarca und Boccaccio neuen Ruhm erworben. Jetzt trat in Deutschland Eoban als erster damit hervor. Besonders die Idee, artgleiche Gedichte verschiedenen Inhaltes als Zyklus anzuordnen, war sein Verdienst.

„Primus Teutonico pavi pecus orbe latinum. Sive ea fama aliquid, sive ea fama nihil...“ = „Als der Erste habe ich auf deutsches Land die lateinische Herde getrieben“, sagt er von sich. „Ob ich damit Ruhm erwarb, ob nicht, das ist weniger wichtig...“

Vergil hatte in Nachahmung Theokrits dessen schlichte Idyllen – Bienensummen, Grillenzirpen, Schafgeblöke, Bäumerauschen, Hirtencharaktere – zur allegorischen Gattung weiterentwickelt. Bei ihm verstecken sich hinter dem vordergründigen Hirtenleben und -treiben feine Anspielungen auf zeitgenössische Verhältnisse und Personen im Umfeld des Dichters – unmerklich für den naiven Leser, seinen nächsten Bekannten jedoch wohl erkennbar. Bei Vergil ist dadurch die Einheitlichkeit und Wahrhaftigkeit der Hirtenlieder nur wenig gemindert; sein Nachahmer Eoban übertrifft ihn jedoch bei weitem, indem er sich völlig der allegorischen Manier verschreibt, als Hirten durchweg seine humanistischen Freunde auftreten läßt – und grundsätzlich Hirte mit „Poet", Weide mit „Erfolg seiner Dichtung", „Herden" mit den „Dichtungen" selbst, schließlich „Schlangen und Wölfe" mit den „sophistischen Kritikern" in eins setzt. Der Leser durchschaut die Verschlüsselung rasch – ja er bekommt vom Verfasser sogar deutliche Winke – und weiß daher, daß er hier einen Blick auf Mutians Humanistenbund werfen darf: Mutian selbst tritt auf als der älteste, erfahrene Hirte, Richter über den Sängerwettstreit der jungen Kollegen. Dringend wird er von ihnen gebeten, doch seinen Gesang mit dem ihrigen zu vermischen, seine „Glückselige Ruhe" aufzugeben (Anspielung auf die Inschrift am Gothaer Musensitz!); denn Mutian blieb hartnäckig bei seiner Weigerung, jemals ein eigenes literarisches Erzeugnis in Druck zu geben; so überschwenglich er die Hervorbringungen der Schüler lobte, seine Neigung ging dahin, sich überhaupt vor dem „profanen vulgus" zu verbergen, sich nur eingeweihten Freunden zu erschließen, die mit ihm das Religiöse als „höhere Geistigkeit" – über dem real faßbaren Kult mit seinen Fasten, Reliquien und Wallfahrten – verehrten.

Auch des Mutian ängstliche Warnung vor sexuellen Verstrickungen ist in diesen Idyllen poetisch dokumentiert. Noch Celtis, später der Poet Johannes Secundus (1511–1536), und andere, haben sich uneingeschränkt, im Sinne der alten Vorbilder, auf Amouren und amouröse Themata in ihrer Dichtung eingelassen; Mutian, der Kanoniker, verkörpert im Gegensatz zu solcher Einstellung das christlich-geistliche Mißtrauen gegen heidnisch-fleischliche Wünsche: „desipit omnis amans!" (Jeder Liebende rast!) läßt Eoban den würdigen Altmeister seine Jünger warnen, besonders in der siebten Ekloge, und drohend fortfahren: „moritúrque in córpore vívo" = „und bei lebendigem Leibe stirbt er". Hier zeigt sich Eoban als treuer Schüler seines Meisters, dessen Abmahnungen ihm – noch – Befehl sind.

Besonders erwähnenswert erscheint die 1. Ekloge, die Eobans Aufbruch von Frankenberg nach Erfurt zum Thema hat: *Das* Schlüssel-Erlebnis des Poeten, er nennt sich hier Camillus, das seine Lebenswende einleitet. Vermutlich ist sie bereits bei der Ankunft entstanden, da sich hier die „neue Weide" dem Erwartungsvollen im rosigen Lichte künftiger Bildungsfreuden ankündigt; sein Gesprächspartner, Melissus, sagt:

„Úrbs vetus ín media ést regióne Erphúrdia nóstris dícta, poténs, opulénta, ingéns, quam praeter amóenus et peragít cursúm, non uno flúmine, Hiéras..." = „Eine alte Stadt liegt mitten im Lande, Erfurt genannt, mächtig, reich, geräumig; um sie fließt lieblich die Gera, führt ihren Lauf auch mitten hindurch..."

In den späteren Eklogen drängt sich herbe Enttäuschung hervor, denn „Dornen und Disteln" verwüsten auch in der neuen Region die fruchtbaren Weiden; boshafte Schlangen (die Kritiker) lauern; Gespenster sind nachts auf den Straßen zu fürchten. Mit solchen Bildern werden die bedrückenden Nöte der Hirten (Poeten) beschworen, kaum verschlüsselt die Anfeindungen (durch Anhänger des scholastischen Systems) beklagt.

Frei von solchen Reminiszenzen hält sich allerdings die 4. Ekloge. Hier treten zwei Hirten in einen schönen Sängerwettstreit zum Lobe Gottes. Der eine ist Peter Eberbach, der witzig-satirische Gefährte Eobans, der sein Rühmen in staunende Fragen kleidet: „Wer bewegt diese Materie? wer erwärmt diese riesige Erde?", während der andere Hirte, Justus Jonas, die Gottesmutter in feierlichen Aussagen preist: „Ich besinge die keusche Liebe der unberührten Jungfrau, der Gottesmutter;

unkundig war sie der irdischen Liebe. Und sie gebar ihn, den sie empfing durch göttliches Walten. Freut euch des, Aoniden (Musen), und jubelt, freundliche Musen!“, bis schließlich der als Preisrichter eingesetzte ältere Hirte (Mutian!) beide Sänger für preiswürdig erklärt und zur Heimkehr mahnt.

In der letzten, der 11. Ekloge wirft Eoban endlich die allegorische Verkleidung von sich und läßt das Werk in eine Verherrlichung der Jungfrau Maria ausklingen. Eoban ringt spürbar um Versöhnung der tradierten Gegensätze zwischen griechischer Mythologie und christlicher *Lehre*; hier bleibt er seiner Religion viel stärker verpflichtet als sein Meister Mutian, der unbefangen Jupiter und Christus, Demeter und Maria in eins setzen kann. Die Musen, die Eoban in der Nachfolge Vergils anrufen muß, hier sind es „Heilige Frauen“; ein betender Hirte sorgt für den dezidiert christlichen Abschluß des Zyklus.

Dieses von den Zeitgenossen außerordentlich dankbar aufgenommene „Bucolicon“ von 1509 hat Eoban in seinen späteren Jahren noch um weitere 5 Idyllen bereichert und (1528 und 1539) noch zweimal aufs neue dem Druck übergeben.

Mag man Eobans allegorische Einkleidung im Vergleich zu seinem großen Vorbild Vergil auch stereotyp finden: Es ist Jugend-Art, sich selbst poetisch zu spiegeln! Dennoch steht das Bucolicon in Form und Inhalt bereits hoch über den vorherigen Werken. Mit einem unerhört reichen Wortschatz, den er durch „Studium der Alten“ kontinuierlich erweitert, kann er sich den metrischen Gesetzen in ständigem Wechsel anschmiegen; in den späteren Auflagen ersetzt er die vorerst eigenen Wortschöpfungen durch altlateinische Ausdrücke, was den Text noch lesbarer und reiner macht.

Bei den eingewebten Naturbildern kommt ihm seine ländliche Herkunft zustatten; sie bewahrt ihn vor bloßer Übernahme von vorgeprägten Klischees. Und so gilt Eoban mit dieser Schöpfung bald als der erste Dichter im Lande, als der neue Tityrus (Vergil). „Ich könnte derartiges nicht schaffen!“ schreibt Mutian nach der Lektüre des fertigen Werkes an Cro-

tus, „… wie ich überhaupt meine, es gibt keinen, der im Dichten einem solchen Genie gleich käme!“
In der Diskrepanz zwischen Eobans hohem Dichterruhm und seiner schlechten materiellen Situation, die jetzt zu Erfurt bedrängend hereinbricht, kündet sich sein künftiges Schicksal an: Nie wird es ihm an Beifall und Zustimmung fehlen, nie wird er aber seine Armut, seinen Schuldenberg hinter sich lassen, bis wenige Monate vor seinem Tod.

13. Dichterlorbeer?

In den Erfolgstagen seines Bucolicon wünscht er sich brennend, als „poeta laureatus“, d. h. als von einem Regenten mit dem Lorbeer gekrönter Dichter, die entscheidende – und lukrative! – erste Sprosse der großen Dichterkarriere zu erklimmen.
Eine solche Auszeichnung war mit dem Aufkommen des Humanismus in Italien schon im 14. Jahrhundert geschaffen worden, indem man an einen Brauch der Antike anknüpfte: Darum war der Lorbeerkranz als Mittel der Krönung vorgeschrieben. Die erste offizielle Dichterkrönung des Spätmittelalters geschah 1314 zu Padua, wo der Dichter Mussato vom Rektor der Universität bekränzt wurde.
Bei Petrarca, der den Kranz 1341 auf dem römischen Kapitol empfing, wurde die Verknüpfung mit der Antike weitaus stärker betont: Jetzt sollten nur noch Päpste und Kaiser die Krönung vollziehen dürfen! Ein Jahrhundert später gab es auch auf deutschem Boden gekrönte Dichter (poetae laureati). Kaiser Friedrich III. verlieh die Auszeichnung in Frankfurt/Main an den Italiener Piccolomini; und 1487 empfing als erster deutscher Literat der Humanist Conrad Celtis seinen Lorbeer auf der Burg zu Nürnberg. Damit war für deutsche Dichter ein begehrtes Ziel in greifbare Nähe gerückt!

Kaiser Maximilian, welcher ja selbst durch literarische Interessen glänzte, geizte noch weniger als sein Vater mit der Auszeichnung: Neben Unbedeutenden gewann Jakob Locher 1497 den Kranz, 1517 Ulrich von Hutten.

So hoffte auch Eoban nicht ohne Grund und inbrünstig auf die Ehre, sich in die Schar der „laureati" einzureihen. Schon 1508 war einer aus dem „Ordo", der Dichter Trebelius, durch die Fürsprache Mutians bekränzt worden; bei ihm hatte der Landesherr Friedrich der Weise, der viel auf Mutians Urteil gab, die Ehrung vollzogen.

Obwohl jedoch Mutian seinem Liebling, dem anerkannt höchsten Genie des Kreises, den Ruhm des Lorbeers von Herzen gerne verschafft hätte: Die ersehnte Gelegenheit ergab sich nicht! Hier waltete Fortuna, die blinde, launische Schicksalsgöttin aller Humanisten – anscheinend war sie nicht gewillt, sich dem Ehrgeiz ihres aufstrebenden Jüngers zu fügen.

Schließlich fand Eoban nach der ruhmreichen Verbreitung seiner Hirtengedichte für sich einen Trost in der Betrachtung, wie vielen mittelmäßigen Poeten doch bereits der Lorbeer billig zuteil geworden sei! Unter diese Schar sich einzureihen, müsse einem wirklichen Dichter eher zur Schande gereichen als zur Ehre (Argumentum Idyll XII Faw. 63).

14. De amantium infelicitate

Unter den Gruppen, die sich nach der Anregung durch den Humanisten Celtis (1459–1508) an den deutschen Universitäten in sodalitates (Gemeinschaften Gleichgesinnter) vereinigt hatten, die brieflich und persönlich untereinander Verbindung hielten, so daß jeder reisende Poet an jedem Standort eine ihm wohlwollende humanistische Freundesschar vorfinden konnte, ragt die Mutiansche Gemeinschaft durch höchste Aktivität und Strebsamkeit hervor. Unvergeßliche Stunden verbringen die Erfurter Poeten zu Gotha in Muths allzeit gastlichem Hause; Camerarius, das jüngste Mitglied (1500–1574), denkt noch

Albrecht Dürer: Friedrich der Weise;
Aus: D. F. Strauß: Ulrich von Hutten,
Hendel Verlag, 1930

im Alter mit Sehnsucht an die geistigen Aufschwünge bei gemeinsamen Studien.

Somniumse perquicken vidisse fingit decorona poelica, adquam consequendann ca aetate, quahall seribebat, cum ab aliis accenderctur, tum ipse perse juveniliquadam aipiditate ferebatur.

Vericu aetate iam provectior, cumet judicium accessisset videretque, id honorit indiguis passion et indoctissimis quibusque et sinedelectu deferri, indiguatus camrem semperdeiuceps magnifice contempsit.

Die umfangreiche Briefliteratur, welche den persönlichen Verkehr ergänzte, ist zu großem Teile erhalten und gibt uns wertvollste Einblicke in die Ekstasen, Diskrepanzen, Hoffnungen, Abschiede, Enttäuschungen und materiellen Sorgen. Durch einen Aufenthalt des sprachbegabten jungen Melanchthon zu Erfurt ergeben sich bald auch Verbindungen nach Wittenberg. Luther ist ein Mitschüler des Crotus im Erfurter Augustinerkloster gewesen.

Hutten, obwohl nur wenige Monate als Gast im „Ordo" Mutians, schließt dort Lebensfreundschaften mit Eoban und Eberbach. Er erlebt die Erfolge des Literaten Eoban teilnehmend mit und streut sein Lob – nach Humanistenweise – großzügig über dessen Eklogen aus:

„Judice me nil te haec tempora maius habent."

(Nach meinem Dafürhalten hat diese Zeit nichts Größeres als Dich!) Beide, Hutten wie Eoban, bekennen sich politisch zu ihrem vielgeschmähten Kaiser Maximilian; und am Ende seines Lebens wendet sich Hutten von der Insel Ufenau aus ein letztes Mal brieflich an seinen Freund Hessus (1523, Juli).

Der erste Höhepunkt von Mutians Zirkel fällt in die Jahre 1506–1509. Aus Briefen, literarischen Zeugnissen, aus Camerars „Narratio" leuchtet die Hochstimmung aller Beteiligten. Dann lichtet sich der Kreis. Das sogenannte „tolle Jahr" 1509 bringt eine revolutionäre Erhebung der Bürger gegen die

Mißwirtschaft des Magistrates; in einem Sturm des Pöbels werden die Gebäude der Universität zerstört – was ein Ausbleiben und Abwandern von Studenten zur Folge hat. Aber

Balthasar Henichen: Joachim Camerarius;
Aus: A. Overmann: Erfurt in zwölf Jahrhunderten, 1929

auch Mutians Jünger, die zu Magistern aufgestiegen sind, sehen sich jetzt gezwungen, um Ämter und Brot nach auswärts zu gehen; zudem hat ein Poet überhaupt umherzuschweifen; sein Lebensstil unterscheidet sich hierin gerade von den seßhaften Scholastikern, die er gerne durch Andersartigkeit schockiert, um der neuen Richtung eine Schneise zu schlagen.

Eoban fand nach dem Hinauswurf durch „Bischof Laasphe“ trotz Dichterruhm und Magistertitel keine berufliche Chance mehr; und „impetu quodam animi“ (aus einem ungewissen Drang seines Herzens) beschloß er zu wandern. Er war nun einundzwanzig, hatte bei bitterer Armut seine Studienjahre ausgiebig genutzt und die Lehren Mutians begierig aufgenommen. Davon zeugt besonders eine eigenartige kleine Prosaschrift mit eingesprengten Distichen und vielen gelehrten Anspielungen: Vom Unglück der Liebenden (De amantium infelicitate) – ein etwas kindliches Zeugnis seiner Abhängigkeit von den Anschauungen seines Meisters:

Bei einem Waldspaziergang, berichtet romanhaft in Ich-Form Eoban, nahe der Lieblingsquelle, stößt er auf einen verzweifelten Studienfreund, welcher in die Netze einer verrufenen Dirne geraten ist, die ihn um sein Geld gebracht, ihn verspottet und verlassen hat. Es gelingt Eoban, dem Unglücklichen das Verderbliche einer solchen Leidenschaft aufzuzeigen und ihm als bewährte Heilmittel – unter Berufung auf eine Reihe antiker Gewährsmänner, von Homer bis zum heiligen Hieronymus – die Studien, die Hingabe an die keuschen Musen begehrenswert zu machen.

Bei diesem Frühwerk von 1508, von dessen altertümlicher Prosa sich Eoban bald darauf ganz frei macht, ist die Absicht des Anfängers bemerkbar, seine Belesenheit auch in den entlegensten Autoren an den Tag zu legen. Inhaltlich stimmt es zu den Mahnungen Mutians, dem Humanisten sei ein rauher, entsagungsvoller Weg beschieden, fernab von den Freuden des Pöbels, dem Zölibate eines Geistlichen vergleichbar, welcher seine Berufung ernst nimmt.

Hierfür sprachen rein praktische Gesichtspunkte:

Ein Gelehrter war ohnehin – im Vergleich mit Patriziern und Kaufmannsstand – zeitlebens an ein karges Gehalt gebunden; dieses wurde zum Hungerlohn, sobald Weib und Kinder es aufzehren halfen. Solchem Geschick fiel der Poet und Landsmann Eobans, Euricius Cordus, in Erfurt bald anheim: Er verliebte sich und heiratete, saß alsbald „unter schreienden Kindern in einem elenden Loche“ und fand in seinem kurzen

Leben aus dem Elend erst spät heraus. Auch Eoban sollte, nach seiner Wanderschaft, sich in die Bande einer zweifelhaften Ehe und damit auf Lebenszeit in einen Berg von Schulden verstricken. Literarische Ambitionen vertrugen sich nicht mit bürgerlicher Häuslichkeit.

1509–1514

Sekretär in Riesenburg

1. Aufgaben als Kanzlist

Der konkrete Anlaß für Eobans Aufbruch nach Nordosten, für seine Anstellung bei Bischof Hiob in Riesenburg nahe Danzig an der Weichsel im Winter 1509/10 ist nicht dokumentiert. Gewiß haben die Tumulte des „tollen Jahres“ dazu beigetragen. Ein wehmütiges Gedicht, vier Tage nach der Abreise an den Magister Christianus von unbekanntem Orte abgesandt, beteuert, daß Erfurt ihm willkommen zur Nährmutter geworden war, welcher er nun vorwirft, daß sie ihm keine Existenz in ihren Mauern vergönnt habe.

„Ists auch dankenswert,
daß den Darbenden freundlich sie aufhob,
gab sie ihm doch kein Heim.
Also verdienet sie Schuld...“

Daß Mutian oder ein anderer Gönner ihm die Bekanntschaft des Riesenburger Bischofs vermittelte, muß vermutet werden. Im Februar 1510 schildert ein erster Brief an den Erfurter Ludwig Platz das dortige Leben: Herrliche Städte, vom Deutschen Orden ab 1200 im heidnischen Preußen als christliche Bollwerke errichtet, später aber an Polen verloren, da die Üppigkeit des Ordens gänzlichen Machtverlust nach sich zog. Nur in Königsberg hatten die Ordensmeister einen letzten Sitz halten können.

Eobans Aufgabe: „Ich bin Kanzlist!“ Er hat die Briefe abzuschreiben, die eingehen von Papst Julius, Kaiser und Reich – im Bemühen um Erhaltung des Ritterordens, die täglichen politischen Neuigkeiten zu registrieren, vor allem ein reiches, repräsentatives Leben als Höfling zu führen, das sich in roter

Gewandung, reichlichem Essen und Trinken, bequemer Wohnung, in Glanz und Geselligkeit entfaltet.
Keine materiellen Sorgen mehr; der Bischof, den er auf Jagden und Reisen begleitet, wendet ihm herzliche Freundschaft zu. Er lernt so Krakau kennen und dichtet dem polnischen König Sigismund das Hochzeitslied.
Auch sonst können wir Eobans wehmütige Klage: „Lebt wohl, ihr Musen – ihr taugt nicht zum Broterwerbe!" nicht ernstnehmen. Sie begleiten ihn, selbst beim Reiten; und der Plan zu einem großen Werk kommt wie von selbst zustande.
Bei einem Streit unter Literaten wird ihm vorgeworfen, er halte sich nicht an die antiken Vorbilder, wenn er statt Apollo zum Eingang seiner Elegie Christus anrufe. Stolz verteidigt sich Eoban: Als christlicher Poet habe er dazu durchaus die Freiheit! Innige Freundschaft entsteht zwischen Hessus und „Dantiscus", einem gleichaltrigen polnischen Gelehrten aus Danzig, welcher ebenfalls dichterisch produktiv ist: Keineswegs sind die „Camoenen" aus Eobans Leben gewichen!
Hier lohnt sich die Erwägung, daß Eoban, wäre er nur seinem Dienstherrn treu geblieben, sich einer Laufbahn ohne materielle Sorgen hätte erfreuen dürfen. Es ist die einzige Episode, in der Wohlleben, Anerkennung und gute Zukunftsaussichten sich für ihn verschwistern. Aber schon zeichnet sich ab, daß nicht Sorglosigkeit, sondern drückende Armut Eobans Muse beflügelt; und instinktsicher wird er sich das ihm gemäße Umfeld verschaffen.
An diesem Punkt seiner „Narratio Eobani" hält der Autor Camerarius inne, um Eobans stattliches Äußere, seinen kräftigen, geschmeidigen Körper, sein männliches Gesicht, seine Meisterschaft im Reiten, Fechten, Tanzen und Schwimmen in Erinnerung zu bringen. Eher wie ein Kriegsmann sieht Eoban aus, nicht wie ein Gelehrter, habe später Albrecht Dürer geurteilt, als er 1527 in Nürnberg einen Holzschnitt von Eoban fertigte.
Aber hinter dem grimmigen Gesicht verbirgt sich ein freundlicher Charakter, der es niemals duldet, daß Menschen in seiner

Umgebung verspottet oder ausgenutzt werden. Seine jugendliche Kraft bei keuscher Schamhaftigkeit hat Camerarius mit einer bezeichnenden Anekdote illustriert: Unweit von Riesenburg liegt der Sorgensee, etwa 3 km breit, welchen zu durchschwimmen Eoban sich vor Freunden gebrüstet hatte. Wirklich gelangte er ohne Schwierigkeit hinüber. Am andern Ufer aber wurde er sich bewußt, daß er jetzt unbekleidet am Rand des Wassers zurückwandern müsse. Da warf er sich lieber von neuem in den See und schwamm die gewaltige Strecke zurück.
Leider glaubte Eoban auch im Trinken bei Geselligkeiten den Wettstreit mit Genossen wagen zu müssen. Und dies legte den Grund für seine unmäßige Trunksucht und ein durch körperliche Zerrüttung verkürztes Leben.
Mit tiefstem Bedauern hierüber äußert Camerarius in der Narratio: „Er stürmte damit gegen sich selber an, wie man starke Kastelle und Burgen mit Geschützen zu erschüttern pflegt."
Die von Mutian so vielfach berschworene heilige Verpflichtung des Poeten zu maßvollem Lebenswandel weicht bei Eoban in Preußen dem Hange, sich treiben zu lassen; und „nur, wenn er nüchtern ist", werden später seine Studenten ihn als Lehrer verehren können.

2. *„Prussia et Amor"*

Eine Reihe lebensvoller Elegien an neue Freunde legt Zeugnis ab, daß Eoban im hohen Norden die Dichtkunst pflegt, auch wenn ihn selbst Scham und Trauer erfüllen, weil er so fern vom Erfurter „Heiligen Quell" seine dichterische Kraft für gebrochen hält. Viele Genossen sind wie er aus Thüringen zugewandert, um fern der Heimat ihr Glück zu suchen. Auch Collucius, von dem wir sonst nichts wissen, muß ein Thüringer gewesen sein: Ein junger Priester, der seit seiner Pilgerreise nach Rom von Liebesglut um eine junge Italienerin verzehrt wird. Eoban nimmt auch hier wieder die Gelegenheit wahr, in

Quiſquis habes noſtra fixos in imagine vultus
Notius hac Heſſo noueris eſſe nihil
Talis enim pulchram Pegneſi Eobanus ad vrbem
Poſt ſeptem vitæ condita luſtra fuit.

Albrecht Dürer: Helius Eobanus Hessus, 1526;
Aus: D. F. Strauß: Ulrich von Hutten,
Hendel Verlag, 1930

einer langen, warmherzigen Elegie vor „verbotener Liebe“ zu warnen und als das einzig probate Medikament den keuschen Musendienst, also Wissenschaft und Dichtkunst, zu empfehlen.

Daß er über solche Freundschaftsdienste hinaus seine Musen zu beschäftigen wußte, zeigt die in elegischer Form verfaßte „Beschreibung Preußens“, welche er dem väterlichen Förderer Mutian in Erfurt widmete. Es war Mode unter den Poeten, die Städte und Länder, in denen sie sich als Gäste aufhielten, in würdiger Form zu schildern. So hat Eoban vormals Erfurt besungen, so Hutten zur gleichen Zeit die Mark Brandenburg und später Wien. Nürnberg wird künftig zweimal zum Stoff für Eobans Muse; und immer spielen die Gewässer der jeweiligen Gegend, zu Erfurt die Gera, zu Nürnburg die Pegnitz – in Huttens Mainzer Preisgedicht für Albrecht der Vater Rhein – alle personifiziert nach antiken Vorbildern, eine bedeutende Rolle.

Preußen also, singt Eoban, ist üppig durch reiche Ernten, fischreiche Flüsse, ergiebige Jagden, Mengen an Bienen und Honig; sein Meer beschenkt die Anwohner mit Bernstein, sein Boden mit Silberadern. Bier und Wein fließen in Strömen und werden ohne Skrupel genossen. Und wenn auch Preußen die meisten Gebiete an Polen verlor, so ist zu bedenken (und hier kann Eoban mit Kenntnissen glänzen!), daß auch das alte Troja und Carthago dem Geschicke der Zerstörung sich beugen mußten.

Die vier Jahre in Preußen enden für Eoban wie eine Burleske. Trotz des großzügigen Lebensstils seines Dienstherrn hat offensichtlich die bischöfliche Residenz ein geistliches Fluidum ausgestrahlt, das Eoban die Idee zu seinen „christlichen Heroiden“ einflößte. Der Stoff formte sich ihm auf den Reisen „in equitando“ (beim Reiten).

„Ut mihi saepe retulit“ sagt Camerar, „maximam partem animo suo composuerit et absolverit eques dum comitaretur forte praesulem ...“

(Wie er mir oft erzählte, hat er den größten Teil davon im Kopf zusammengestellt und in Worte gebracht, als Reiter, wenn er seinen Bischof begleitete.)
So entsteht das bei weitem umfangreichste und zu seiner Zeit am höchsten bewertete Werk Eobans. „Extempore“ (aus dem Stegreife) ist nicht ohne Grund eine Anmerkung, auf die sich Eoban viel zugute hält. Aber währenddessen fühlt er sich als Dichter unbefriedigt; sein Geist erscheint ihm erschlafft, sein Leben ohne die anregenden Studien, ohne Erfurter Freunde kläglich – und so bedarf es nur kleinen Ortsveränderung, um ihn ins heimatliche Musen-Refugium zurückzutreiben: Der Bischof sendet seinen bewährten Kanzlisten zwecks besserer Verwendbarkeit zu einer zusätzlichen juristischen Ausbildung an die neue Universität nach Frankfurt/Oder, um ihm, wäre er erst Doktor beider Rechte, zu hohen Ämtern zu verhelfen. Er kauft teure juristische Bücher für Eoban und versorgt ihn materiell aufs Beste. Seine Großzügkeit wird jedoch für den Dichter der Befreiungsakt aus den Fesseln des Kanzlisten-Daseins.

3. Frankfurt/Oder und Leipzig, Die Heroiden

Die 1506 gegründete Universität zu Frankfurt/Oder, „Viadrina“ genannt, war von Preußen aus am nächsten erreichbar, und, weil unter der Fahne des Humanismus entstanden, Anziehungspunkt für progressive Studenten. Sie hatte schon 1506 den achtzehnjährigen Hutten angelockt, der ihre Eröffnung miterlebte und sich in den 2 Jahren seines Aufenthaltes zum Baccalaureus promovieren ließ.
Doch hatte die Viadrina die hochgespannten Erwartungen nicht erfüllt und war zu den scholastischen Methoden zurückgekehrt. Als sich Eoban 1513 dort inskribierte, fand er von den Erfurter Freunden nur den gekrönten Poeten Trebelius vor, den er unter Mutian um den Lorbeer beneidet hatte – er ver-

diente nun als Mentor zweier Adliger aus Pommern sein Brot. Nach Humanistenbrauch tauschten die vier Anhänger dieser Richtung in Elegien ihr gegenseitiges Lob für hergestellte Verse aus. Dabei galten schwungvolle Überhöhungen als „poetisch“, denn sie verwirklichten die erwünschte Nachahmung der „Alten“.

Eoban lebt in Frankfurt offenbar recht zurückgezogen; keine neuen Bekannten treten in sein Blickfeld. Die große Arbeit des einen Sommers 1513 dient der Vollendung seiner „Heroiden“ – durchaus im Sinne des Bischofs Hiob, der ihre Planung und Komposition wohlwollend verfolgt hatte.

„Heriode“ bedeutet „Heldin“ – das weibliche Gegenstück zum „Heros“. Eoban hatte neben Vergil auch den Ovid schon in Knabenzeiten gründlich gelesen. Vor allem waren Ovids „Heroiden“ beliebte Schul-Lektüre, präsentierten sie doch – neben der brillanten elegischen Form – einen Bilderbogen griechischer und römischer Mythologie: in fingierten Briefen die Liebesbekenntnisse berühmter Frauen aus der heroischen Zeit Griechenlands und Roms. Es schreiben neunzehn Heldinnen, so Penelope, Dido, Ariadne, Medea, Helena, Sappho, und zwei Helden, Paris und Akontios. So kann der Dichter Ovid die weibliche Psyche unter der Belastung durch Sorge, Angst, Liebe und Haß beleuchten, ja, durch die Briefschreiberinnen selbst darstellen lassen, wodurch überdies die dem Leser geläufige Sage (Odyssee, Kampf um Troja, Argonautenfahrt u. a.) eine lebensvolle Schilderung erfährt.

An Ovids heidnischen Briefen orientiert Eoban seine christliche Kontrafaktur. So, wie Ovid den Heroiden zwei Heroenbriefe beigab, läßt auch Eoban außer zweiundzwanzig Frauenbriefen zwei abweichende Schreiben zu: Den Anfang macht Gottvater (oder Immanuel), den Schlußpart übernimmt Eoban selbst. Gottvater schreibt an Maria, die künftige Gottesmutter, indem er die ihr auferlegte Geburt des Erlösers brieflich ankündigt – in heutiger Zeit als gewagte, wo nicht geschmacklose Fiktion verurteilt! – worauf dann die heilige Jungfrau zur

Ulrich von Hutten; Aus: D. F. Strauß: Hendel Verlag, 1930

Feder greift und demütig zustimmend antwortet. Nun folgen die Briefe weiterer einundzwanzig biblischer, legendärer und historischer Frauengestalten. Maria Magdalena schreibt an den Auferstandenen, Christus, nachdem sie ihn beim leeren Grabe erblickt hat; die heilige Elisabeth von Thüringen schreibt an ihren Gemahl Ludwig, der auf dem Kreuzzug ins Heilige Land verschollen scheint; und Kaiserin Helena berichtet von dem Fund des heiligen Kreuzes.

Eine solche Kontrafaktur zu den berühmten Briefen der „Heldinnen" Ovids war in deutschen Landen bis dahin nie vor die gelehrte Welt getreten.

Zwar hatte bereits in Italien Baptista Mantuanus (der sich ebenso mit Bucolica in der Nachahmung Vergils versuchte) wenige Jahre zuvor seine „Darstellung keuscher Jungfrauen und ihrer Schicksale" geschrieben. Mantuanus hatte in Deutschland eine hohe Geltung; ja, man stritt in den Rhetorenschulen um seinen Vorrang vor Vergil. In Deutschland jedoch war Eoban mit seinen „christlichen Heroiden" der erste, wie zuvor mit dem Hirtenzyklus. Er bewies, daß ohne den mythologischen Hintergrund, von dem Ovids Komposition erfüllt war, ein christlicher Dichter aus rein christlichen Stoffen lebensvolle Charaktere entwickeln konnte.

Die christliche Liebe also verdrängt in Eobans „Heroiden" Ovids Gesänge der heidnischen Liebe, vielfach nuanciert erscheint sie als Zweifel, Hoffnung, Angst und Reue, aber auch als Glaubenszuversicht und als der Wunsch, für den „Seelenführer Christus" zu sterben.

Von seiner Leistung überzeugt und selbstbewußt, beendet er den Zyklus durch seinen eignen Brief, gleichsam als Nachwort, als Präsentation des Autors an den Leser mit sehr persönlichen Bekenntnissen. Er widmet seinen Brief der „Posteritas", was mit „Nachwelt" oder „Zukunft", aber auch mit „Nachruhm" zu übersetzen wäre.

„Niemand hat, wer er auch sei, jemals dein Antlitz gesehen,
Greisin, die du, weit voraus, alles beschließest zuletzt!
Schelmin! je mehr man dir nachjagt, je flüchtiger jagst du von dannen
deine Verehrer verhöhnst, launische Göttin,du nur!

Aber wie einerseits du den Lebenden anwesend scheinst,
bist du der frühesten Zeit andrerseits immer gesellt.
Und wir Liebhaber können dich nie gegenwärtig umarmen!
Künftigem Lob, wie mir scheint, bist du viel eher geneigt…"

Im Herbst des Jahres 1513 wechselt Eoban von Frankfurt/Oder nach Leipzig und gibt seine „Briefe" dort in Druck. Sein Ziel, den Heiden Ovid mit christlichen Stoffen zu besiegen, ist damit erreicht; sein Dichterruhm dringt machtvoll in alle gebildeten Kreise; und besonders begeistert die Humanisten seine letzte Elegie, an „die Zukunft" gerichtet, die sich dereinst wohl seiner Werke annehmen wird, aber zu einer Zeit, die der Dichter nicht mehr erlebt. „Eobanus Posteritati" ist äußerst raffiniert in Idee und Ausgestaltung. Das Thema „Liebe" ist in dieser 24. Elegie insofern gewahrt, als der Dichter die personifizierte Posteritas, die gerechte Richterin über Wert und Unwert von Literatur, inbrünstig bittet, ihn als den sie Liebenden anzuerkennen:

„Fast noch ein Knabe, weihte ich dir das Talent meiner Jugend …
Nimm mich, ich bitte dich, auf in deiner Liebenden Kreis!"

Warum Eoban schon nach einem Semester von Frankfurt/Oder aufbrach, kann nur vermutet werden. Hoffte er, in Leipzig einen Lehrstuhl für Poesie zu erringen, welchen die Viadrina ihm versagte? Wollte er in Leipzig die Heroiden als Magister im Hörsaal darbieten? Er galt jetzt immerhin als „der deutsche Ovid", der den antiken Ovid überragte. Niemals später konnte er sich zu einem solchen großen Wurf wieder aufraffen. Hast und Zerstreuungen zersplitterten von jetzt ab sein Genie – Beruf und wachsende Familie verbrauchten seine Kraft; und so erwies sich im Nachhinein sein konzentriertes Kanzlistendasein der vier Riesenburger Jahre, welches sein Talent aufstaute und in die Heroiden lenkte, als unerwartete Förderung bester lateinischer Poesie in Deutschland.

Leipzig 1513–1514: Hier erblickte Camerarius als 13jähriger Schüler im Hause seines Lehrers Helt den Dichter Eoban, der bald sein Herzensfreund werden sollte. Noch trug der Poet den bischöflichen Kanzlisten-Talar und wurde als Erster unter den jüngeren Musensöhnen bewundert. Er war jetzt 25 Jahre alt.

Wir fragen am Schluß von Eobans Leipziger zwei Semestern, wie sich das von Bischof Hiob vorgegebene Jura-Studium mit den Heroiden in Einklang bringen ließ. Der spätere Biograph Eobans, Camerarius, der in seiner „Narratio" überall dazu neigt, den verehrten Dichter nur mit besten Eigenschaften auszustatten, gibt über die Leipziger Tage an: „Dort aber vergaß er – denn seine Natur ließ es nicht zu, daß er (vom Pfade der Musen) abirrte, und ein Grauen vor Prozessen schreckte ihn vom Studium der Rechte ab – die Wünsche und Absichten seines Bischofs und verzehrte sein Geld; und alle die wuchtigen Gesetzes- und Verfassungsbücher verkaufte er; und schnellstens eilte er zurück nach Erfurt, wo die Wiege seiner Kenntnisse stand."

Der Bischof scheint ihm seine Flucht ins heimatliche Erfurt keineswegs übelgenommen zu haben, denn später versuchte er noch einmal, ihn für eine glänzende Laufbahn in Preußen zu gewinnen. Aber Eobans Erkenntnis, daß er nur als Poet leben könne, ließ ihn nicht mehr wankend werden. Wie zur Bekräftigung seines Entschlusses setzt er, indem er die Elegie über Preußen und die „Warnung vor verbotener Liebe" als „Prussia et Amor" 1514 in Leipzig herausgibt, erstmals die drei gewählten Poetennamen „Helius Eobanus Hessus" über den Titel. Er nennt diese zwei Werke so verschiedenen Inhaltes „duae sylvae", also „Wälder", womit er eine Sammelbezeichnung aufgreift, die er bei dem römischen Dichter Statius (40–96 n.C.) vorgefunden hat. Wie Statius wird Eoban jetzt mehr und mehr durch Gelegenheitsgedichte glänzen, so daß er den Begriff „Sylven“ (er wählt bewußt die griechische Schreibung mit y!) bis ins Jahr 1535 für neun umfangreiche Gedichtsammlungen benutzen kann. „Prussia“ und „Amor“ bringt er in Vorlesungen zu Leipzig vor studentische Hörer; es ist deutlich, daß er eine feste Anstellung erstrebt, aber nicht erhält. Auch ein vergeblicher Versuch, in Wien unter der „sodalitas“ des Vadian Fuß zu fassen, ist durch seinen Brief dorthin bezeugt. Vadian scheint seine Anfrage nicht einmal beantwortet zu haben. Und so erscheint Eoban im August 1514 wieder in Erfurt, zwar als gefeierter Dichter, aber ohne gesicherte Existenz und Einkünfte. Beides erhofft er von seiner Ausbildungsstätte, der jetzt in höchster Blüte stehenden Erfurter Hochschule. Auch Mutian, so erwartet er, wird ihm weiterhelfen.

1514–1526

Zweiter Aufenthalt in Erfurt

1. Der Orden Mutians um 1514

Daß Mutian die beiden Stationen Eobans, Frankfurt/Oder und Leipzig, sorgenvoll von ferne begleitet hatte, geht aus einem seiner Briefe an den Schüler Urban hervor, in welchem er Eoban mit Reuchlin vergleicht, und dessen Geschick, durch feindliche Mächte herumgestoßen zu werden, auch bei Eoban verwirklicht sieht:

„Ist es nicht genug, daß das Schicksal den gelehrten Reuchlin herumjagt? Muß es auch den Poeten die Hörner zeigen? ... Ich würde beiden einen Hafen der Ruhe und Rettung eröffnen, wenn ich es könnte!"

Mit Freuden nahm er daher den in Leipzig gescheiterten, aber gereiften, nunmehr berühmten Dichter zu Erfurt wieder auf. Sein Sinn war aber jetzt mit Sorge und Entrüstung über die Reuchlinschen Streitigkeiten erfüllt. Sah er doch in Reuchlin den Kontrahenten zum starren scholastischen Gelehrtentypus erstanden; und mit Befriedigung erlebte er, wie sich aus Anlaß des Reuchlinschen Handels das ganze gelehrte Europa in zwei feindliche Lager aufzuspalten begann.

Mutian schlug sich kampfesfreudig auf Reuchlins Seite und bot seinen ganzen „Orden" als Hilfstruppe für „Capnion" an – so wurde Reuchlins Name, als „Räuchlein" gedeutet, ins Griechische übertragen. Zunächst war es Ehrenpflicht jedes Poeten, brieflich an Reuchlin Sympathie und Trost auszusprechen. „Wir sind Capnobaten" (Kämpfer für Capnion), so schrieb Urban als erster, „mit uns ehrt und liebt dich die ganze literarische Jugend dieser Schule..."

Und kaum war Eoban nach Erfurt zurückgekehrt, wurde auch er Capnobate und schrieb einen ersten feurigen Brief. Er nannte Reuchlin in eingestreuten Distichen „Monstrorum domitor" (Bändiger von Ungeheuern), unter welch letzteren er die Kölner Dominikanermönche verstand.

2. Eobans Heirat

Zwangsläufig wurde Mutians Aufmerksamkeit von Reuchlins Situation auf Eobans bedrängte Lage gelenkt. Er hatte ihn nach vierjähriger Trennung begrüßt als den „göttlichsten Dichter, dessen Ruhm und Unsterblichkeit er stets über alles geliebt habe..." Verständlich, daß er alle seine Beziehungen aufwandte, um das junge Genie auf einen besoldeten Lehrstuhl für Sprachen zu bringen; aber so wenig wie die ehemals begehrte Dichterkrönung ließ sich jetzt eine feste Anstellung für Eoban finden.
Zu dieser Kalamität kam eine weitere, welche dem bisher so wohlwollenden väterlichen Mentor einen förmlichen Schlag versetzte: Eoban wollte heiraten und setzte diese Absicht alsbald ins Werk, ganz unbekümmert um wirtschaftliche Sicherheit.
Allem Spott, allen Warnungen und düsteren Prophezeiungen zum Trotz ehelichte der junge Dichter Ende Dezember 1514 die Tochter eines Erfurter Bürgers, seine Jugendliebe aus den frühen Erfurter Jahren, Catharina Spater. Ihres Vaters mürrisches, ungerechtes Wesen wird von Eobans Zeitgenossen mehrfach gerügt, sein Beruf bleibt darüber unerwähnt. Drei Brüder gehörten zu Catharina; sie werden als unzuverlässig, oft wortbrüchig, beruflich erfolglos gezeichnet. Aber diese Familie war Besitzer der „Engelsburg", eines weitläufigen, bäuerlichen Wirtschaftsgebäudes in der Altstadt Erfurts, unweit vom Ufer der die Stadt durchziehenden Gera. Hier ging Eoban als Schwiegersohn ein und aus; später kaufte sein Freund, der reiche Arzt Georg Sturz, den Besitz von Spater

und schuf so einen bequemen Versammlungsort für die Erfurter Poeten.

Eobans Heirat wurde durch den Poeten Cordus mit einem Hochzeitslied (Epithalamion) nach damaliger Sitte gefeiert – ansonsten gefiel sich der Freundeskreis in derbem Spott und bösartigem Sarkasmus. „Besser eine Ehefrau als eine Dirne!" entscheidet nach viel Gezeter endlich Mutian, aber der spottlustige Crotus, der sich zu dieser Zeit bereits mit der Idee zu den Dunkelmännerbriefen trägt, findet Eobans Auserwählte „häßlich, langnasig, mager, besitzlos", und er fragt an, ob, wenn schon Liebe, außereheliche Liebe für Eoban nicht billiger käme?

Streitigkeiten mit den Schwiegereltern und Schwagern waren nach Lage der Dinge zu erwarten gewesen – als sie nun eintreten, nimmt das die sonst so hochgestimmte Poetenschar mit Befriedigung auf. Auch Cordus wurde Ehemann, folglich werden beide verhöhnt.

> „Haud dubie feliciores essent, si uxores deessent!"
> = „Wären nicht ihre Weiber, wie glücklich
> könnten sie leben!"

Sehr bald geriet Eoban mit seinem erweiterten Haushalt in bittere Not; mehrere Geburten machten Dienstmägde notwendig; all das verschlang die kärglichst vorhandenen Mittel und des Dichters Zeit und Kraft. Von tatkräftigem Einsatz der Ehefrau lesen wir nichts. Wird sie überhaupt in Briefen erwähnt, dann nur, weil sie wieder einen „Prinzen" geboren hat, oder, falls Eoban sich Gäste einlädt, weil sie von diesen abgesondert mit den Kindern ihren Anteil am guten Essen bekommen muß. Beim Juden zu leihen, galt als riskant und schmählich – Eoban mußte sich darauf einlassen, zumal er die in Preußen erworbene Trunksucht lebenslang nicht mehr ablegen konnte. Der bisweilen sogar zotige Spott seiner Freunde erzürnte Eoban begreiflicherweise; heute möchten wir darin verborgenen Neid auf seine unbekümmerte Entschlußkraft vermuten. Es lohnt sich, dem tieferen Grund nachzuspüren: Der Humanist ver-

Heinrich Eberbach; Grabplatte aus der Erfurter Allerheiligenkirche,
Aus: Beiträge zur Geschichte der Universität Erfurt (1392–1816),
Hrsg. vom Rektor der Medizinischen Akademie Erfurt, Heft 6, 1959

stand sich als freiwilliger Zölibatär, als dritter Orden neben Mönchs- und Ritterorden. Fand er seine Existenz als Gelehrter, so blieb er kärglich bezahlt, verheiratete er sich, so erdrückten ihn bald seine Schulden. Fast jährlich war mit Nachwuchs zu rechnen; Krankheiten und Sterbefälle verschlangen das Wenige.
Mutians Mißmut über diese Ehe statt einer Anerkennung von Eobans durchaus ehrenhafter Handlung läßt merken, daß der

unter Poeten so ideal verbrämte „keusche Musendienst“ eine aus der Armut geborene Notwendigkeit war. An Heinrich Eberbach schreibt Mutian über den Anfang von Eobans Ehe in einer an die Odyssee Homers gemahnenden Bildersprache:
„Unter widrigen Winden segelt Eoban fern vom Hafen; rings um ihn nur Himmel und Wasser. Segel und Taue knattern; das ganze Schiff bebt; schwarze Nacht hat den Tag verschlungen.“
Und an den Ehemann selber: „...Dazu kommt noch, was ich nicht verschweigen darf, daß Du zu Deinem eignen großen Unglück ein Verschwender bist und ein Trunkenbold!“
Trotz dieser bösen Zugaben zu seinem Eheglück lebte Eoban bald ganz vergnüglich. „Durch die Unannehmlichkeiten des Lebens ließ er sich überhaupt wenig anfechten.“ Sechs Kinder – Hieronymus, Julius, Norica, Anastasius, Heliodor, Kallimachus – belebten das Hauswesen. Nie fällt von seiner Seite in den vielen uns erhaltenen Briefen eine negative Bemerkung über die Gattin.
Allerdings berühren ihn auch sonstige Übelstände seines Jahrhunderts nicht, weder Hexentreiben noch peinliche Verhöre noch die Angst vor der Franzosenkrankheit. Allenfalls das Podagra und der Niedergang der humanistischen Studien vermögen seinen Horizont zu trüben.

3. „Dichterkönig“ und Professor

Wenige Tage nach der Hochzeitsfeier erreichte der Antwortbrief Reuchlins, aus Stuttgart vermutlich, die Engelsburg, worin Eoban scherzhaft, mittels der bei Humanisten so beliebten Sprach-Spielerei, statt als Hessus als ein „Hessän“ bezeichnet wird, was im Griechischen „König“ bedeutet. Eoban fühlte sich durch solchen schmeichelhaften Scherz, solch ein geistreiches, ausgefallenes Lob aus einer so berühmten Feder zum König aller zeitgenössischen Dichter erhoben.

Daß er aus dem Hessän einen „rex“ machte und sich diese Bezeichnung nun bis ans Ende seiner Tage wie einen Königsmantel um die Schultern legte, wirft nebenbei Licht auf sein unterschiedliches Verhältnis zu den zwei alten Sprachen: Latein hatte er fast mit der Muttermilch eingesogen; es war ihm geläufiger und praktikabler als das schwerfällige, abstrakter Gedankengänge nicht mächtige Deutsch. Latein kam auch seiner Lust am reichen poetischen Wortschatz entgegen. Das Griechische jedoch lernte er mühsam und spät und durch die Verhältnisse gezwungen; denn seit Luthers Auftreten wandte sich das Interesse der Gebildeten dem griechischen Neuen Testament zu. Noch in Nürnberg (1526–1533) bei seinen großen Übersetzer-Arbeiten vom Griechischen ins Lateinische stützte er sich auf die soliden Kenntnisse seines Freundes Camerar. Ungeduld und Zerstreutheit ließen seinen guten Willen zum zweisprachigen Verständis der Alten bald ermatten. Noch weniger fand er sich im Hebräischen zurecht, obwohl theoretisch die Dreisprachigkeit (etwa eines Reuchlin) sein bewundertes Ideal war. (Ebenso hat auch Hutten, bei mehreren Anläufen, das Griechische schließlich verlassen, sich aber stattdessen der deutschen Sprache zugewandt und ihre Möglichkeiten in Poesie und Prosa zu verfeinern getrachtet.) Eoban blieb unbeirrt dem Lateinischen verhaftet. Ausgehend von der Bezeichnung „Rex poetarum“ („Dichterkönig“), machte Eoban sein bescheidenes Domizil zur Königsburg (Regia), die Frau zur Königin (Regina), die Kinder zu Prinzen (Reguli); vor allem aber durften die Freunde, als Herzöge und Fürsten, an dem königlichen Glanze teilnehmen und hier und da ihre Scherflein zum Unterhalte beitragen! Selbst in der Universitäts-Matrikel findet sich die Bezeichnung „Rex“ hinter Eobans Namen eingetragen. Dies kennzeichnet die lebenszugewandte heitere Stimmung des ideal gesinnten Humanisten – auch in bitterer Armut.

Nebenbei bestärkte der Titel „Rex“ in Eoban die Überzeugung, daß ihm, nach dem Urteil des gelehrtesten Deutschen,

der erste Platz unter den lebenden Poeten gebühre – großzügig gab er zu, daß Freund Cordus den zweiten beanspruchen könne. Sie beide aber, auf welche ihre hessische Heimat stolz sein dürfe, seien in der Lage, die poesie-feindlichen Scholastiker, die „Sophisten", wie es wünschenswert sei, aus dem Felde zu schlagen.
Trotz dieser Ehre, trotz der Lobeserhebungen seiner Leser, trotz unverdrossener Versuche Mutians, ihn auf eine dotierte Stelle zu bringen, sei es beim Abte in Fulda, sei es in Mainz beim Erzbischof Albrecht, – da in Erfurt nun einmal kein Lehrstuhl für die „Humaniora" geschaffen wurde – darbte Eoban fast 3 Jahre lang mit seiner Familie. Den Vorsitz über den Humanistenbund hatte ihm Mutian in dieser Zeit übertragen – er selbst wollte nur noch das geistige Haupt der Poeten sein; die Zusammenkünfte spielten sich unter dem Regimente des „Königs" in Erfurt ab.

Da, im Jahre 1517, wurde tatsächlich die ersehnte Professur für lateinische Poetik und Rhetorik errichtet und Eoban berufen! Kurz vor Vollendung seines 30. Jahres hatte sich sein Lebensplan erfüllt: Von seinem poetischen Talent konnte er nun leben! Nun las er Kollegs abwechselnd über die alten römischen Dichter, besonders Vergil, und über seine eignen Werke, besonders die Heroiden. An beidem ließen sich die Gesetze der Verskunst aufweisen. In der Rhetorik diente ihm neben Cicero auch der verehrte Erasmus mit seinen „Colloquia" als Vorlage.
Nicht von ungefähr war gerade zu dieser Zeit Eobans Lehrstuhl geschaffen worden. Es war der siegreiche Ausgang des Reuchlin-Streites, der eine allgemeine Zuwendung zum Humanismus bewirkte. Den Vorgängen um Reuchlin oder „Capnion" widmen wir jetzt unsre Aufmerksamkeit.

4. Epistolae obscurorum virorum

Im Jahre 1509 war zu Reuchlin in Stuttgart ein getaufter Jude gekommen, der ein besonderes Anliegen vortrug. Er nannte sich Johannes Pfefferkorn und stand in enger Verbindung zu den scholastisch geprägten Dominikanermönchen in Köln. Dieser Mann hatte sich, um die Ernsthaftigkeit seines Glaubenswechsels zu beweisen, an den Kaiser selbst gewandt und die Vollmacht erwirkt, die ganze mittelalterliche Judenliteratur, da sie die Verstocktheit des jüdischen Volkes nur bestärke, einziehen und verbrennen zu dürfen. Er erbat nun Reuchlins Unterstützung bei dem Vollzug seines Auftrags.

Der angesehene schwäbische Jurist Reuchlin (1454–1522) war in Europa wegen seiner Sprachen- und Literaturkenntnisse fast so geschätzt wie Erasmus. Seine einsame Leistung, neben Latein und Griechisch auch die Grammatik des Hebräischen zu erschließen, hob ihn über andre Humanisten weit hinaus. In Holzschnitten sehen wir ihn als einen Mann mit drei Zungen (!) abgebildet.

Als ein toleranter und an hebräischem Schrifttum, etwa an Talmud und Kabbalah, brennend interessierter Gelehrter war Reuchlin nun nicht gewillt, dem Ansinnen Pfefferkorns nachzukommen.

Die Kölner Dominikaner unter ihrem Wortführer, dem gefürchteten Ketzermeister Hochstraten, strengten alsbald eine langwierige Hetzkampagne gegen Reuchlin an: Sie wollten ihn selber als Haeretiker vor die Inquisition ziehen! Reuchlin wehrte sich erst milde, dann gereizt. Längst ging es nicht mehr um den Anlaß, das Ansinnen des Pfefferkorn – hier war der Kampf der beiden Systeme, Scholastik und Humanismus, zum Ausbruch gekommen, der bisher noch geruht hatte. Ein geistiger Machtkampf wurde ausgetragen, der alle deutschen, ja europäischen Gelehrten zur Parteinahme zwang. Kaiser, Bischöfe, Papst und Kurie, endlich die Universitäten wurden

um ihr Urteil angerufen. Im Jahr 1514 erlangte Reuchlin ganz unerwartet seine Rechtfertigung durch das Speyrer Bischofsgericht. Aber nun appellierten die Kölner in Rom, um Reuchlin doch noch zu Fall zu bringen. Die Kurie, in der Verlegenheit, einen Mann zu verurteilen, der ganz Europa für und gegen sich hatte, ließ Reuchlins Akten für weitere fünf Jahre liegen.
Kurz nach dem Freispruch des Speyrer Bischofs für Reuchlin hatte die Universität in Paris ihr weltliches wissenschaftliches Urteil gegensätzlich abgegeben: Der ketzerische Reuchlin müsse zum Widerruf gezwungen werden! Dieses Auf und Ab der Urteile hatte Mutian mit wachsender Anteilnahme verfolgt. Seit 1503 war er mit Reuchlin verbunden, dessen sprachliche Studien er verehrte. Leidenschaftlich erregte ihn die Hetzkampagne der Kölner: „sie verstehen weder Latein noch Griechisch, geschweige Hebräisch... heuchlerische Pharisäer... ihre Angriffe richten sich gegen alle Freunde der Wissenschaft..."
Nachdem sich mit Eobans Rückkehr aus Riesenburg der Kreis um Mutian neu belebt hatte, erwacht in den Erfurter Freunden der brennende Wunsch, nicht nur mittels Briefen, sondern mit einer aufsehenerregenden Tat zum endgültigen Sieg Reuchlins zu verhelfen.
Peter Eberbach, Urban, Spalatin, auch Crotus und Cordus hatten ihre Sympathie für den Gefährdeten brieflich kundgetan – selbst der Kurfürst Friedrich der Weise ließ auf Spalatins Bitte ein huldvolles Schreiben an Reuchlin ausgehen.
Wir haben von Eobans erstem Schreiben oben berichtet. Es ist der Brief, den Reuchlin mit der Anrede Hessän erwiderte und damit Eoban zum Dichterkönig machte.
In Eobans Antwort hierauf – sie ist am 6. Januar 1515, an seinem 28. Geburtstag, verfaßt – wird außer dem Hohn über Reuchlins Feinde bereits die Absicht eines wohldurchdachten Gegenschlags erkennbar. „Ich will sie (die Gegner) herrlich verteidigen und ihre Sache so führen, daß sie unsterblich werden!" – „Und hier werde ich einige Erfurter anstacheln; sie

sollen mit mir wie ein Schwarm von Wespen jene Vogelscheuchen, jene ungeheuren Monster herumjagen: weder zu Wasser noch zu Lande werden jene zu Atem kommen."

Carl Krause hat Briefstellen dieser Art in seiner Eoban-Vita gesperrt drucken lassen, um sie als wichtige Indizien zu bezeichnen für Eobans Beteiligung an einem höchst ungewöhnlichen Unternehmen, das gegen Ende des Jahres 1515 die gelehrte Welt ganz Europas in Aufruhr versetzte: Es erschien, anonym und ohne Angabe des Verlagsortes, der erste Teil der „Dunkelmännerbriefe". 1517 sollte ihm ein weiterer Teil folgen.

Und dies war Vorgeschichte und Anlaß für die Satire:

Reuchlin hatte 1514 zu seiner Ehrenrettung eine Briefsammlung in die Öffentlichkeit gebracht, welche er „Epistolae clarorum virorum" nannte – enthielt sie doch in der Tat lauter an ihn gerichtete Briefe von anerkannten tüchtigen Gelehrten. So wollte er beweisen, welche edlen Menschen, welch löbliche Bestrebungen sich um seine Person geschart hatten. Damit aber hatte er – unfreiwillig – seinen jugendlichen Verehrern die Idee zu einem literarischen Gegenstück eingegeben: Sie übernahmen die Rolle der ihnen verhaßten Kölner Geistlichkeit und ließen diese von Dummheit, Unbildung und Ausschweifung strotzende Theologenschar, Pfaffen wie Mönche, fiktiv selbst zu Feder greifen.

So entstanden die „Epistolae obscurorum virorum" (später gekürzt in „EOV"), die unübertroffene Satire des 16. Jahrhunderts!

Versehen mit einer Fülle der lächerlichsten deutsch-lateinischen Namen, richten die Dunkelmänner aus Städten, Klöstern, Universitäten Europas, die „Mistladerius", „Dollenkopfius", „Caprimulgius", „Schlauraff" und andere, ihre Berichte, Beichten und Fragen an den Magister Ortvinus Gratius; er nun war *tatsächlich* das geistige Haupt der Kölner Scholastik, also keine erfundene Gestalt.

Während sonst im Kreise Mutians jede literarische Produktion ihre schriftliche Würdigung fand, herrschte beim Erscheinen dieser Satire vollkommenes Schweigen. So kommt es, daß bis heute über die Verfasser gerätselt wird. Spätere Stilvergleiche lassen vermuten, daß Crotus Rubeanus Verfasser, wohl auch Urheber, und, falls mehrere Autoren beteiligt waren, der End-Redaktor des ersten Teiles war, während Hutten als der für den zweiten Teil zuständige betrachtet werden kann. Aber ob Eoban und außer ihm noch weitere Literaten aus Mutians Ordo beteiligt waren, liegt im Dunkeln. Da Peter Eberbach eine satirische Feder führte, da er schon 1512 spöttische Gedichte auf die „Kölner" verfaßt hatte, wird er zu den „Dunkelmännern" gerechnet. Für Eobans Beteiligung sprechen einige sublime Beobachtungen an den Quellen. Diese hat besonders gründlich Carl Krause recherchiert; und es lohnt sich, seine Argumente hier zu nennen, obgleich Walter Brecht schon fünfundzwanzig Jahre später eine Mitarbeit Eobans radikal bestritten hat:

1) Als im Herbst 1515 Peter Eberbach aus Italien zurückkam, war er als „Dux" (Herzog) des Dichterkönigs viel mit Eoban zusammen. Eoban schrieb darüber an Mutian: „Petreius und ich verbringen fast jeden Tag mit dem Schreiben von Epigrammen und zwar meist lasziven, doch ohne Zeugen."
2) Ein viel späterer Brief Eobans an Antonius Niger (1521) macht in der Anrede deutliche Anleihen an den ersten Dunkelmännerbrief: „Antonio olim Niger, nunc Nigerrimo, nostro Magistrando vel Magistro nostrando".
3) Auch in seinem zweiten Brief an Reuchlin läßt Eoban die Kölner Mönche in ihrem mit Bibelstellen durchtränkten Stil reden und fügt erläuternd hinzu: Er mache dieses bloß, um die Kölner in ihrer eigenen Redensweise zu verspotten.
4) Im selben Brief an Reuchlin spricht Eoban aus, was hernach, in den EOV, ein „Magister Buntschuhmacher" hat sagen hören: Da sich die Dominikaner dem Urteile des Speyerschen Gerichtes, welches Reuchlin von Ketzerei freisprach, nicht fügen wollten - denn hier hatte eine kirch-

Titelholzschnitt zur zweiten Folge der
Epistolae obscurorum virorum (Dunkelmännerbriefe);
Aus: D. F. Strauß: Ulrich von Hutten, Hendel Verlag, 1930

liche Autorität, ein Erzbischof, gesprochen und die Prozeßkosten den Kölnern auferlegt -, seien sie selber Ketzer! Und auch, was in den EOV der „Magister Cribelioniatius“

zu seinem Schrecken jemanden äußern hörte: Die Erfurter Theologenfakultät bereue bereits ihr negatives Gutachten gegen Reuchlin - das lesen wir im selben Briefe Eobans an Reuchlin genauso.

5) Eoban liebte es, sich als „Poet und Windbeutel" oder „Lügenbeutel" zu bezeichnen. Im 7. Brief des 1. Teils der EOV nennt nun auch „Magister Hafenbrack" die Poeten bloße Lügner: „Multa metiuntur poetate".

6) Und wie Eoban als junger Dichter auf „Verse aus dem Stegreife" = „ex tempore" stolz ist, oft „gegen seinen Willen Verse machen muß", so auch zwei Dunkelmänner; ihre erbärmlichen Reime kommentieren sie so: „Sancte Deus, ego non habui voluntatem scribere vobis metra, et tamen scribo. Sed factum est ex improviso." – „Ecce non volui facere Carmina et tamen feci; sed necio qualiter venit, quod feci. Laus Deo."
„Heiliger Gott! ich hatte gar nicht die Absicht, Euch Verse zu schreiben! und dennoch tue ich's! Aber das ist ganz unwillkürlich geschehen!" – „Sieh da! ich wollte gar kein Gedicht machen und hab's nun doch gemacht; dabei weiß ich gar nicht, wie es kam, daß ich's machte! Lob sei Gott!"

7) In den EOV wird die demütigende Behandlung, die den Poeten an den deutschen Universitäten zu widerfahren pflegte, und die dominierende Rolle der scholastisch gelehrten Magistri und Doctores anschaulich beschrieben. Gerade Frankfurt/Oder, Leipzig und Erfurt werden als die Stätten solcher Zurücksetzung genannt, also exakt die Stätten, wo Eoban eine Professur erstrebt, aber nicht erhalten hatte.

8) Von „Magister Schlauraff", der überhaupt mit Poeten die schmerzhaftesten Zusammenstöße – in lateinischen und deutschen Reimen – zu berichten hat, werden Eberbach und Eoban als besonders bedrohliche Übeltäter erwähnt:
»...ubi Aperbachius me/incepit tribulare
Et Eobanus Hessus/qui nunquam fuit fessus

Quaerere in plateis/ut percuteret me cum pugnis
Et dixit ad studentes:/frangatis ei dentes…"
„…wo der Eberbach begann/mich ordentlich zu verprügeln!
Und auch der Eoban Hesse!/Der wurde es gar nicht müde, auf den Gassen nach mir zu spähen!/Der wollte mich mit Fäusten verbläuen!
Und zu den Studenten sagte er:/Dem könnt ihr gern die Zähne einschlagen!…"

Und „Magister Gerilambius" hat zu klagen, weil er von diesen beiden, sobald sie seiner ansichtig werden, mit Lobreden auf Reuchlin verfolgt wird: „Ubicunque vident me, loquuntur de causa Joannis Reuchlin et dant ei rectum" (= geben ihm recht). Schließlich muß ein „Magister Holzlöffel" über Eoban und Eberbach vernehmen, daß sie vorhaben, die Reuchlin-Affäre in Büchern zu beschreiben und sie drucken zu lassen: „Nominavit mihi… unum poetam in Erfordia, qui vocatur Eobanus Hessus et debet esse iuvenis et expertissimus poeta: et talis habet unum socium ibidem dictum Petrejum Aperbachium; ipsi componunt iam libros, quos volunt statim exprimere, nisi Theologi faciunt concordiam cum Reuchlin."

9) Peter Eberbach hatte 1514 einen satirischen Dialog aus Rom gesandt, „Osker und Volsker", aus eigner Feder. Dessen nahe Verwandtschaft mit den EOV erhellt aus vielen sprachlichen Übereinstimmungen. Bei der engen Freundschaft des Eoban mit Eberbach ist eine „Gemeinschaftsarbeit nach vorliegendem Muster" denkbar.

10) Auf Eobans ersten Brief an Reuchlin (der verloren ist) hatte dieser geäußert: Die Kölner Theologi seien eigentlich Diabo-logi! Dasselbe Wortspiel findet sich auch in den EOV, durch den „Gerhard Schurriglius" ausgesprochen, der angibt, einer der verfluchten Poeten habe ihm ins Gesicht gesagt: Die Theologi von Köln seien Diaboli!

11) Als im Herbst 1517 bereits die Aufmerksamkeit für die EOV anfing nachzulassen, schreibt Eoban frohlockend an

einen Theologen in Breslau: „Wir sind gerettet; wir haben alle Elstern und Mönche besiegt!" Als „Elstern" sind die schwarzweißgewandeten Dominikaner zu verstehen. Hier interessiert das „wir". Eoban schreibt sich damit einen Part im Konzert seiner Poetenfreunde zu.

12) Der Versuch, einzelnen Verfassern einzelne Briefe zuzuweisen, ist oft unternommen worden, führte aber nicht zu endgültigen Resultaten. Insgesamt mag es stimmen, daß der heitere Spötter Crotus im ersten Teil der EOV den leichteren Ton anschlägt, der kämpferische Hutten mit mehr Pathetik den zweiten Teil bestimmt. Sehr wahrscheinlich hat aber *ein* Redaktor der Satire zur Einheitlichkeit verholfen, weshalb individuelle Merkmale zurücktreten. Wollen wir also Eobans Stimme aus dem Chore heraushören, dann wohl dort, so schlägt Kampschulte vor, wo von Gelage, Schmaus und Trunk und sorgloser Lebensfreude die Rede ist. Da kommt der erste Brief des ersten Teiles in Frage, der von manchen Fachleuten Hutten zuerkannt wird – immerhin könnte Eoban die lukullischen Glanzlichter aufgesteckt haben!

Wir maßen uns nicht an, in den diffizilen Verfasserfragen mitzureden, die Walter Brecht 1904 neu erörtert hat. Wenn wir uns hier auf Details einließen, dann vor allem, um einen Eindruck von Inhalten, Stil und vom Latein der Dunkelmänner zu geben. Wir bescheiden uns, zu wissen, daß die EOV eine Gemeinschafts-Arbeit sind, daß die Verfasser anonym bleiben, wie sie es ja wollten – und daß sich Eoban auf diesem Felde als Anreger oder Mitarbeiter oder wenigstens als Mitwisser getummelt hat.

Selbst, wenn wir Brechts Thesen folgen, daß Eoban an den EOV nicht direkt beteiligt gewesen sei, so tritt er uns doch literarisch als überzeugter Reuchlinist entgegen, mit einem eigenartig verschlüsselten und doch gut ausdeutbaren Osterhymnus für das Osterfest 1515. Die Zeit des Wohlwollens und der Freundschaft zwischen alter Scholastik und neuem Gelehrtentum war im Zuge des Reuchlinschen Prozesses abgebrochen; die Fronten hatten sich formiert. Ich werde siegen, und ihr werdet triumphieren! hatte Reuchlin den Erfurter Humanisten zugerufen. Sieg – oder Niederlage! Das konnte in den Tagen fiebernden Parteienzwistes immer nur ein Pro und Contra Capnion bedeuten, selbst wenn vordergründig der Sieg Christi über den Tod besungen wurde. „Christianae victoriae acclamatus" = „Beifall dem christlichen Siege": provokativer Titel von Eobans Hymnus, welcher eigentlich politische Kampfschrift ist. Christus hat, so führt der Dichter aus, die Nacht besiegt, die Wut des Höllendrachen bezähmt (= die Nacht der Scholastik, die Wut der Kölner Dominikaner) – er möge die wahren Christen (= die Reuchlin-Anhänger) schützen und gegen die Verleumder des christlichen Glaubens decken mit seinem Schilde... Papst Leo (in dessen Hände zu jener Zeit der Reuchlin-Streit gelegt war), der so aufgeklärte Heilige Vater, möge seinen Feind niederwerfen (= das schwebende Verfahren zugunsten Reuchlins beenden).

Das endgültige Urteil der Kurie zum Prozeß Pfefferkorn – Reuchlin wurde von Jahr zu Jahr aufgeschoben. Erst 1520, als das Interesse Europas längst – durch Luthers Herausforderung an Rom – von Reuchlins Schicksal gewichen war, erklärte der Papst dessen Verteidigungsschrift, den „Augenspiegel", für ketzerisch; und die hohen Kosten der Affäre wurden insgesamt Reuchlin aufgebürdet. Verbittert starb der einst so überschwenglich Bewunderte 1522; seine Grabplatte hat die Zeiten bis heute überdauert. Der Triumph seiner Anhänger, ihn mit den EOV unsterblich und die Gegner unsterblich lächerlich gemacht zu haben, wurde von Luthers Aufstieg überdeckt. Mit dem Anbruch der Reformation war Reuchlin vergessen. Eoban schrieb ihm ein „Epicedion" (Totenklage). Es mutet eher wie eine rhetorische Pflichtübung an denn wie ein Trauerbekenntnis.

5. Nationale Stoffe

Haben die EOV dem verfolgten Reuchlin letztlich nicht zum Siege verholfen, so brachten sie doch den Humanisten Anerkennung in ganz Europa: Sie hatten den rohen, barbarischen Gegner entlarvt! Die wahre Wissenschaft erhob sich über die klösterlich enge Scholastik – besonders öffnete sich Erfurt dem neuen Geist; und nicht zufällig war Eobans Berufung 1517 perfekt.

In der neuen Lebensphase reizen ihn erstmals nationale Stoffe. Viele seiner Freunde, Mutian, Hutten, Eberbach, Crotus, auch Cordus und Sturz bereisten in ihren Studienzeiten Italien. Sie alle erlebten dort die Verachtung der Italiener gegen die „rohen Deutschen". Schon Celtis, der 1508 gestorben war, hatte sich bemüht, ein Nationalbewußtsein in Germanien zu schaffen: Die Figur des Arminius, des Tacitus „Germania", die Erfindungskraft der Deutschen im Buchdruck und in modernen Schußwaffen sollten ihren Stolz beflügeln; die deutsche Redlichkeit sollte der welschen Tücke entgegengesetzt werden!

Der Krieg, den Kaiser Maximilian seit 1508 mit wechselndem Glück gegen das treulose Venedig führte, wird zum wichtigen Anliegen der Poeten: Sie zeichnen das Bild vom Adler (dem Kaiser), den der Hahn (Frankreich) verspottet, den die Frösche (die Venizianer) aus ihrem Sumpf (Venedig) heraus bequaken, bis er sie dorthin zurückschleudert.

Nachdem nun Hutten 1516 aus Italien einen Klagebrief der „Dame Italia" an Kaiser Maximilian, – er möge sie aus den Kriegswirren befreien, – nach Deutschland gesandt hatte, war es Eoban, der, auf Huttens Elegie mit einer Elegie antwortend, den Kaiser in 170 Distichen sprechen ließ:

„Ich habe deinen Brief, o Italia, gelesen" schreibt hier fiktiv der Kaiser. „Durchaus nicht bin ich meinem Vorsatz, Dich zu retten, untreu geworden, wenngleich mich die Verhältnisse im

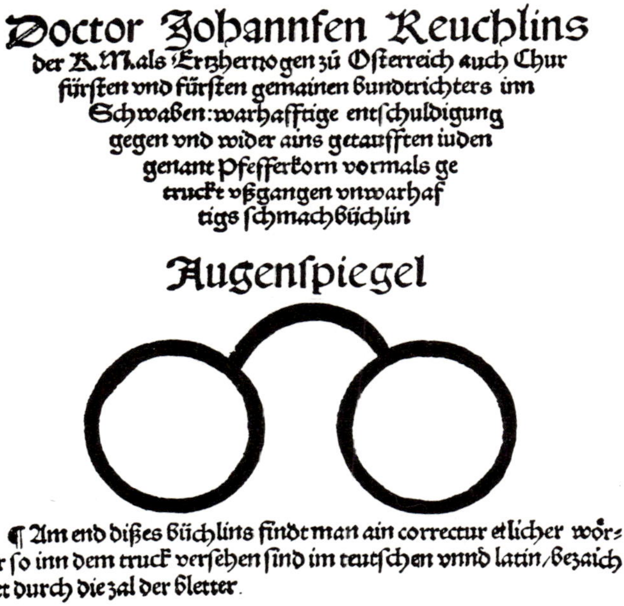

Doctor Johannsen Reuchlins
der K. Mt. als Ertzhertzogen zů Osterreich auch Chur
fürsten vnd fürsten gemainen Bundtrichters im
Schwaben: warhafftige entschuldigung
gegen vnd wider ains getaufften iuden
genant Pfefferkorn vormals ge
truckt vßgangen vnwarhaf
tigs schmachbüchlin

Augenspiegel

¶ Am end dißes büchlins findt man ain correctur etlicher wör=
ter so inn dem truck versehen sind im teutschen vnnd latin/ bezaich
net durch die zal der bletter.

Titelblatt zu Reuchlins Augenspiegel; Aus: D. F. Strauß: Ulrich von Hutten, Hendel Verlag, 1930

Süden, Verrat und Untreue, immer wieder zurückwerfen. Wohl hatte ich Erfolge, aber dann hat der treulose Papst sich mit den Franzosen verbündet, besorgt, ich könnte mir als Herr von Rom, – der ich ja bin! – die römische Krone aufs Haupt setzten. Trotzdem werde ich nacheinander Venedig, die Franzosen und die Türken besiegen – und in der Heiligen Stadt mir die Kaiserkrone holen. Bereits sind 40 000 Franzosen bei Verona vernichtet worden. Dies soll ein Pfand deiner nahen Befreiung sein!“ (Zusammenfassende Paraphrase).

Eobans Elegie galt seinen Zeitgenossen für bewundernswerter als die Huttens. Huttens Stärke lag vor allem in Prosa-Texten.

Freilich wich Eoban den kritischen Aspekten aus: Hatte doch Hutten seine „Italia“ über die geldgierigen, unsittlichen Kleriker sich bitter beschweren lassen, die Stimmung im Volke vor Luthers Auftreten artikulierend. Hierin folgte Eoban ihm nicht, da er zu Frieden und Ausgleich neigte; schon seine wenigen politischen Ausfälle gegen das Papsttum, welches den Kaiser nicht zu seinem Recht kommen ließ, erschien uns als ein durch Hutten inspiriertes Wagnis.
Ihre enge Zusammenarbeit bezeugte Eoban vor der Öffentlichkeit, indem er seinen „Antwortbrief“ zusammen mit Huttens italienischen Epigrammen drucken ließ: „Was ihr hier seht, wurde bisher nirgends erblickt“, steht auf der Titelseite, an den Leser gerichtet. „Was ihr hier lest, gab es noch nirgends zu lesen. Ich will zugrundegehen, wenn euch diese Schrift nicht gefällt! Genug darüber!“ So weit wagte sich Eoban mit seiner Werbung für Hutten vor. Aber daß er Hutten im Urteil der Leser übertraf, so gestand er Mutian, das war ihm doch höchst schmeichelhaft!
Im Jahre 1517 schien sich das Leben für beide Freunde vorteilhafter zu gestalten: Hutten wurde aus Welschland nach Augsburg gerufen, um dort aus der Hand des Kaisers Maximilian den Dichterlorbeer zu empfangen. Die traurige Tatsache, daß er bei zweimaligem Italienaufenthalt keinen Doktortitel errungen hatte, wurde jetzt durch die mit der Ehrung verbundenen Privilegien bedeutungslos - er durfte sich zu den Berühmtheiten unter den Deutschen zählen und stand unmittelbar unter dem Schutz des Kaisers.
Nun fand Hutten eine ehrenvolle Stellung am Hofe des Erzbischhofs Albrecht in Mainz – während sein Freund Eoban zu Erfurt als Professor ständig wachsenden Zulauf erhielt. Eine vorher nie erreichte Blüte lateinischer Studien trat dadurch ein; das große Auditorium faßte die Menge von Hörern nicht.
„... mit trewen und hochsten vleis“ rühmt ein Schüler, sein späterer Biograph Lauze, habe er ihn über Quintilian lesen hören. Zu Poetik und Rhetorik kam später noch Historie;

H. Weiditz: Aus der Epistola Italia ad Maximilianum Caesarem; Aus: D. F. Strauß: Ulrich von Hutten, Hendel Verlag, 1930

anhand von Liviustexten, auch Curtius' und Plinius' des Älteren Schriften löste Eoban diese neue Aufgabe.
Es war das folgenschwere Jahr von Luthers Thesenanschlag zu Wittenberg. Aber weder Hutten, der seit seinem ersten Italienaufenthalt 1512–1514 mit der korrupten römischen Kirchenmacht im Kampf lag, noch Eoban, der sich instinktiv von Kirchenkritik fern hielt, soweit er es vermochte, keiner nahm von diesem revolutionären Geschehen Notiz.

6. *Geselligkeit und Gelegenheitsdichtung*

Die private Geselligkeit blühte nunmehr häufig in der Engelsburg des gastfreien Arztes Sturz; die vielen Freunde und Gelegenheitsbekannten, die Eobans Erfurter Jahre bereichern, können im Rahmen dieser Arbeit nicht namentlich erwähnt werden.

Joachim Camerarius soll hier stellvertretend für über 100 andere nochmals genannt sein, der 12 Jahre jüngere Graezist und Humanist, dem wir die erste Biographie über Eoban, die „Narratio“ verdanken, und neben ihm der vermögende Arzt und Mäzen Sturz aus Annaberg, welcher die Engelsburg von Eobans Schwiegervater kaufte und damit den Freunden eine Humanistenstätte offenhielt. Seine Freundschaft mit Eoban erhellt aus vielen Briefen und Billetten. Eoban fand hier einen geduldigen Nothelfer, ob er nun Silberbecher und Bücher leihen wollte, Geldsummen vorzustrecken bat, ob er mit Wermut den gestrigen Rausch behandelt haben wollte – oder eine lindernde Salbe brauchte, da er im Suff auf seine königliche Nase gestürzt war.

Daß Eoban in der Freundschaft mit Gleichgesinnten die Würze des Lebens fand, davon zeugen neben den Briefsammlungen auch seine Gelegenheitsgedichte. Diese Gedichte, die er anfangs, ohne Abschriften zurückzuhalten, unter Freunden ausstreute, lassen uns heute noch an der Begeisterung für gemeinsame klassische Studien teilhaben. Nach dem Ende der Reuchlinfehde hatte sich der alternde Mutian (knapp fünfzig Jahre alt!) in die Stille seines Musensitzes zurückgezogen; jetzt war „der König Eoban“ das Haupt des wieder aufblühenden Kreises. Seine „Befehle“ zu Spaziergängen und Schmaus waren in wechselnden Versmaßen poetisch abgefaßt. Er hat erst spät, 1533, einen kleinen Teil davon gesammelt und in sechs Büchern veröffentlicht. 1539 fügte er drei weitere Bücher hin-

Nach einem Holzschnitt von H. Brosamer: Georg Sturtz, 1542; Aus: Beiträge zur Geschichte der Universität Erfurt (1392–1816); Hrsg. vom Rektor der Medizinischen Akademie Erfurt, Heft 6, 1959

zu. Er nannte sie „Sylven", nach dem antiken Vorbild des Statius. Hauptthema der Sylven ist der Preis des den Musen geweihten Lebens und der heitere Lebensgenuß. Aber wie variabel ist die

Form – vom heroischen Maß über das elegische bis zu Horazischen, Catullischen, Sapphischen Strophen!

Näherte sich der 15. Oktober, der Geburtstag von Vergil, den die Humanisten an die Spitze der verehrten „Alten“ stellten, so war ein Festgedicht auf den großen Sänger (= vates) unerläßlich:

„An den Iden war's, wo der große Maro
(Publius Vergilius Maro)
Sah das Licht der Welt. Es bedeutet Heil uns,
Glücklich Licht ging auf. Die gemeine Menge
bleibe uns ferne.“ (6 Sapphische Strophen)

Ein neuverfaßtes Gedicht war bei solchen Zusammenkünften das Gesprächsthema. Das Essen war frugal, „pythagoreisch“, oft durch ein gemeinsames Bad in der Gera eingeleitet.

Dafür, daß Eoban sogar die Ankündigung seiner Kollegs in Distichen kleidete, welche er an den Türen der Universität anschlug, haben wir mehrere Beispiele. Hier ist es mit Händen zu greifen, daß er seine Verse „zugleich machte und schrieb“. Von unpraktikabler Länge erscheinen sie uns heute. Besteht doch die Ansage einer Quintilianvorlesung aus 71 fünfhebigen Trochäen, deren Lektüre die Studenten zur Selbstprüfung ihrer Sprachkenntnis veranlassen sollte. Faszinierend ist die echt Eobansche Herzlichkeit gegen die erwarteten Hörer:

Ei, du fröhliche liebenswerte Jugend,
deren Geist in des ersten Frühlings Frische
freudig blüht wie im grünen Laub die Rose,
wenn sie leuchtet im Licht der lieben Sonne!
Knospen hegt sie zur Frucht des baldigen Sommers,
und sie hofft auf reichlich schöne Ernte ...

Hierauf Eobans Appell, die kostbare Zeit nicht „ruhmlos“ zu vertrödeln, sondern den Geist zu edlen Gedanken emporzuschwingen:

Sieh doch: Quintilian, mit reichem Strome
fließt er, läßt sein Flußbett üppig schwellen,
breitet seine Wogen behend und eilig
auf die Fluren, die ihn rings umgeben.

Hier erscheint wieder das Lieblingsmotiv humanistischer Dichtung: das Wasser, der Fluß, der die Ufer bewässert. Um aber seinen Autor noch verlockender anzukündigen, stellt er ihn über den göttlichen Vergil, welcher sonst – neben Ovid – als höchstes Ideal für Poeten galt:

Selbst Vergil, der Begründer der Rhetorik,
kann in Latium ihn (= Quintilian) nicht besiegen.
Solch ein Text erwartet dich, fleißige Jugend,
den ich dir gerne biete und erkläre.

Also auch im Hochschulbereich bleibt Eoban fast kindlich begeistert seiner Aufgabe verpflichtet. Wie mit dem Refrain eines Rundgesangs wiederholt er am Schluß seine Anrede:

Ei, du fröhliche, liebenswerte Jugend!

Andre Themen, an die Freunde gerichtet, sind: Die Flüchtigkeit des Lebens, die Notwendigkeit, sich von der Arbeit durch Gelage mit Gästen zu erholen – oder die Frühlingszeit für einen Spaziergang zu nutzen:

„Der Vögel Sang durchtönet die Lüfte jetzt,
Der Stimmen Vielfalt, verbunden zur Harmonie;
das nahe Bächlein murmelt lieblich,
die Musen, die lauschenden, hier zu grüßen…"

In diesen locker hingeworfenen Mitteilungen benutzte er Horazische und Sapphische Strophen. Wir stellen uns vor , wie er sie rasch, ex tempore, zu Papier brachte, während sein „Amanuensis" (der knabenhafte Diener jedes Gelehrten) schon bereitstand, um als Laufbursche sich nützlich zu machen .

Da viele dieser Gedichte verlorengingen, sind die erhaltenen Prosa-Briefe umso wertvoller. Camerarius berichtet im Eingang seiner Narratio, wie er unzufrieden war mit der ersten, von Drach sehr unordentlich veröffentlichten Sammlung, wie er unter seinen Papieren suchte, und wie er mehr Eoban-Briefe

vorfand, als er erwartete. So entstanden nach Eobans Tod bis 1568 fünf Bücher Eoban-Briefe; und noch immer fanden sich handgeschriebene in St. Gallen, Gotha, Fulda, Marburg, München; Carl Krause spürte sie auf und erstellte ein Verzeichnis.
Die Briefkultur war zur Zeit des Humanismus auf ein hohes Niveau gelangt. An den Gelehrtenschulen wurde sie als ein Spezialfach der Rhetorik betrieben. Als unerreichbares Vorbild galt die Briefkunst des Erasmus, welcher seine Briefe mehr zur Veröffentlichung, zur Hebung des Stils, schrieb, als um sich persönlich mitzuteilen.
Hierin folgte Eoban dem bewunderten Meister nicht. Er schrieb von Herzen zu Herzen. Zwar hat er die Widmung an berühmte Gönner mit seinen Werken veröffentlicht; die privaten Schreiben aber versah er mit dem Zusatz: „Concerpe!“ = „Vernichte diesen Brief!“

Lesen wir solche Ergüsse heute, so handeln wir gegen seinen Willen. Aber welche Einblicke gewähren sie in Freuden und Nöte: den chronischen Geldmangel trägt er mit Humor. „Patientia!“ ruft er sich tröstend zu. Seine Untertanen werden im selben Billet zum Prandium (= Frühstück) – und um eine Summe Geldes gebeten. „Ein Gott wird auch diesen Drangsalen ein Ende setzen!“ vermutet Eoban, indem er „aus der hungernden, wankenden, allen Winden offenen Königsburg“ Vergil zitiert.
Gemeinsam fühlt sich der „Orden“ bei Scherz, Ratespielen, Stegreifgesängen den trüben Alltagszwängen enthoben. Und wie man auf die Manen des verstorbenen Celtis unter fröhlichem Zutrinken ex tempore Verse zum Rundgesang anfertigt, so blickt man schwärmerisch auf zu den noch lebenden Großen, die man hingebend feiert. Neben dem „einen Auge Germaniens“, Reuchlin, dessen Fehde man mitfocht, bewundert man noch unterwürfiger „das zweite Auge Germaniens“: Erasmus.

7. Erasmus-Reise

Erasmus war vier Jahre früher als Mutian geboren, 1467 in Rotterdam. Er hatte die humanistische Schule des Alexander Hegius zu Deventer durchlaufen, an der auch Mutian mit einem seiner Brüder und Eobans Frankenberger Lehrer Horläus ihre Bildung erworben hatten. Anstatt sein Leben, wie über ihn verfügt war, in Stille eines Klosters zuzubringen, trat er schon in jungen Jahren in die große Welt Europas hinaus. Er besuchte die Pariser Universität, weilte mehrmals in England, lebte in den Niederlanden, ließ sich in Italien vom Papste ehren. Intuitiv erkannte er, was die gelehrte Welt zur Vervollkommnung ihres neuentdeckten rhetorischen Stils brauchte, und sammelte antike Spruchweisheiten und Rätsel, welche unter dem Titel „Adagia" (= Sprichwörter, Wegbegleiter) eine stürmische Verbreitung fanden: formal wie inhaltlich ein gleich begehrtes Material.

Von da ab war die Verfeinerung des Stils durch Anleitung und Beispiel seine eigentliche Berufung. Seine nächsten Schriften „Vom Wort- und Gedankenschatze" und die „Colloquia" gaben Ratschläge für Literaten. Durch mustergültig abgefaßte Briefe als praktikable Beispiele ergänzte sie Erasmus.

Seinem recht schwächlichen Körper rang er ungeheure Leistungen ab. Er empfand den Mangel an kritischen, lesbaren Textausgaben antiker Autoren als unerträgliche Lücke, welche zu schließen er sich berufen fühlte. Seine Textrevisionen von Seneca, Sueton, Terenz, später des Neuen Testamentes und der Kirchenväter, vor allem des Hieronymus, ließen in seiner Epoche eine eigentlich moderne Philologie entstehen; und durch seine enge Verbindung zu berühmten Verlegern schenkte er den Gelehrten die ersten nicht nur lesbaren, sondern sogar künstlerisch gestalteten Ausgaben.

Gleichzeitig war er ein Zeitkritiker, der mit feiner Ironie die Torheiten und Übelstände in Staat und Kirche aufdeckte. Sein „Lob der Torheit“ (1509) drückte aus, was die Zeitgenossen dunkel empfanden; deshalb wurde diese kleine Satire zu seinen Lebzeiten in fast 30 Auflagen in Europa verbreitet – die „Colloquia“ sogar hundertmal. Um das korrupte Christentum zu reformieren, machte er praktikable Vorschläge. In seinem „Handbuch für den christlichen Streiter“ erschien er den Zeitgenossen als ein Reformator der verkommenen Kirche, wenigstens aber als Lieferant von Beweggründen für Luthers Reformwerk (1502).
Unmittelbar vor Luthers Auftreten war Erasmus auf dem Höhepunkt seines Ruhms. In Erfurt nannte ihn der Humanistenkreis nur „den Göttlichen“ (divinus Erasmus). Er realisierte ja ihr Streben, Aberglauben und Barbarei durch Wissen und Bildung auszutreiben. Man hielt Vorlesungen über seine Schriften: Eoban erläuterte das „Encheiridion“; der Magister Crafft besprach vor Studenten das „Lob der Torheit“; der Mediziner Cordus las über seine neutestamentlichen Texte. Wer einen Brief von Erasmus besaß, glaubte Anteil an seiner Göttlichkeit zu haben! Und so ist es begreiflich, daß der geistig bewegliche Eoban auf die Idee kam, sich einen solchen Brief „auf dem Pilgerwege“ zu holen, im Namen des Erfurter Kreises und als dessen „Haupt“.
Im Herbst 1518 – noch immer war Luther den Erfurtern unbekannt – machte er sich mit dem Magister von Werter auf die mühevolle Reise, zu Fuß und zu Schiff, nach Löwen. Er fing schon unterwegs an, das Unternehmen in einem breit angelegten Gedicht, dem „Hodo-eporicon“, zu beschreiben: Über Gotha, wo noch Mutian einen schriftlichen Gruß zu dem Briefbündel der Erasmus-Verehrer beisteuert, geht der Weg quer durch Hessen, bis am 6. Oktober Frankfurt/Main erreicht ist, „die herrliche, turmreiche, feste Kaufmannsstadt“, von wo ein Schiff, vom Main zum Rhein, die Pilger bis Köln befördern soll vorbei an vielen berühmten Städten und Bur-

Albrecht Dürer: Erasmus von Rotterdamm;
Aus: D. F. Strauß: Ulrich von Hutten, Hendel Verlag, 1930

gen: Neuland für Eobans erlebnishungrigen Blick! Bacharach – Caub – St. Goar – Coblenz!
Weil in Köln die Pest wütet, wie man auf dem Schiffe vernimmt, schlagen die Pilger schon bei Bonn den Landweg ein und gelangen über Aachen in das reiche Brabant. Am 7. Okto-

ber erreicht Eoban das ersehnte Löwen; hier kann er aus einer Herberge eine rasch verfaßte (ex tempore!) Begrüßungselegie an Erasmus vorausschicken.
Daß „der Göttliche“ tags darauf die zwei Bewunderer kühl und mißmutig empfing, lag an der vielfachen, lästigen Unterbrechung seiner Studien durch enthusiastische Besucher. Eobans Optimismus übersah die Unfreundlichkeit, während umgekehrt Erasmus, nachdem er später begriff, daß er einen berühmten Dichter im Hause gehabt hatte, sein eigenes Benehmen als ungehörig verurteilte und in mehreren Briefen entschuldigte.
Bei der Begegnung schrieb er für Eoban und seinen Begleiter, wie auch für die in Erfurt harrenden Freunde den jeweils gewünschten „Brief“. (Diese Humanistensitte, Große um „Briefe“ anzugehen, entspricht der Autogrammjagd unserer heutigen Zeit.) Er sparte hierbei nicht mit Lob für den Dichter Hessus, nannte ihn seiner Heroiden wegen den christlichen Ovid, beredt, fromm, von lauteren, schlichten Sitten – gelehrt ohne Hochmut.
Auf demselben mühsamen Wege zurück treffen die beiden Wanderer im November wieder in Erfurt ein, wo Eoban sein „Reisegedicht“ zur Ehre des Erasmus alsbald in die Druckerei bringt. Mit dem „Hodo-eporikon“ läßt er auch die mitgebrachten Erasmusbriefe erscheinen: Schon aus Sparsamkeit wurden mit solchen Zugaben die leeren Druckseiten gefüllt. Freilich verärgerte diese unbefangene Veröffentlichung seiner Erzeugnisse den Erasmus aufs neue: Er wollte gefragt werden!
Auch daß im folgenden Frühjahr weitere Erfurter Poeten, Jonas und Schalbus, die Pilgerreise zu ihm antraten, war nicht nach seinem Sinn; „seufzend“erfüllte er auch ihnen den Wunsch nach „Briefen“.
Von diesen uns erhaltenen Briefen ist der an Jonas in einem Punkte bedeutsam: Erasmus wünscht dem Jonas, er möge sich auf dem Wege zu wahrer Frömmigkeit nicht durch das aufrührerische Geschrei einiger (Ungenannter) beirren lassen. Eine

Anspielung auf Luthers Umtriebe, die jetzt von sich reden machten – für Erasmus bildeten solche Umtriebe nur eine lästige Sörung der gelehrten Arbeit.
So ist es auch zu verstehen, daß er weitere Besuche aus Erfurt als gefährlich für seinen guten Ruf einschätzte; man hätte ihn etwa als Sympathisanten Luthers verdächtigen können – was in Löwen tatsächlich bald geschah.

Balthasar Jenchen: Dr. Justus Jonas;
Aus: A. Overmann: Erfurt in zwölf Jahrhunderten, 1929

Genug, er bat Eoban brieflich, dieser möge weitere Wallfahrten nach Löwen unterbinden. „Du sorgst schlecht für meinen Ruf …" äußerte er ziemlich direkt.

Von seiner Reise nach Löwen war Justus Jonas Mitte Juni 1519 nach Erfurt zurückgekehrt. Dort hatte man ihn schon am 2. Mai in Abwesenheit zum Rektor der Universität erwählt – ein Zeichen für das steigende Ansehen des Humanismus. Jonas nutzte diese Ehre, um sein Bildungsideal in die Hörsäle zu bringen: Latein und Griechisch sollte nun systematischer, gründlicher, aus den Quellen studiert werden! Das Ansehen der Philosophischen Fakultät hob sich; Eoban steuerte zu dieser „Erneuerung der Studien“ eine Festrede bei.

Im Rektoratsbericht des Jonas am Ende des Sommer-Semesters 1519 prangt vorweg das Porträt des Erasmus: als das höchste Ideal für humanistische Streiter! Galt er doch nicht bloß als größter Philologe, sondern als Versöhner von Philologie und Theologie, fast als „Reformator der Kirche“. Er war es ja, der durch seine kritische Ausgabe des neuen Testamentes die theologischen Fragen wiederbelebte, Vorlesungen über ein freies, sittliches Christentum anregte. Dies verlangte von den Gelehrten ein gründliches Griechisch-Studium; auch Eoban, nun über dreißig Jahre alt, begann ernsthaft, Griechisch zu lernen.

Ehe wir Erasmus verlassen, da jetzt ein Anderer anfing, den Erfurter Zirkel zu beschäftigen, wollen wir noch eine Stimme zum Erasmus-Kult vernehmbar machen, um die schrankenlose Hingebung zu zeigen, welche Erasmus zuteil wurde, ehe Luthers Saat aufging.

In einer 1519 für Erasmus verfaßten „Palinodie“ schreibt Cordus, der sonst so grämliche Spötter und scharfe Kritiker: Sein höchster Wunsch sei es bisher gewesen, das teure Haupt des Erasmus zu sehen, vor ihm in den Staub zu sinken, seine Füße zu küssen. Aber das Geschick habe ihm diese Gunst versagt. Selbst einen Brief habe er bisher vergeblich ersehnt; er sei sich unter den glücklicheren Genossen ganz verachtet und zurückgesetzt vorgekommen. Da sei plötzlich ein Bote des Jonas mit einem Briefe gekommen! Erasmus habe ihn gegrüßt! Eine Gottheit habe ihm zugerufen: „Vale! Bleibe gesund!“ Nun könne

ihm keine Krankheit mehr etwas anhaben ... „Dank dir, treuer Jonas, daß du mich zu einem seligen Gotte gemacht hast!"
Den Brief küßt er tausendmal und will ihn als teuersten Schatz sein ganzes Leben lang aufbewahren. „Mögen die Götter dem Erasmus noch hundert Jahrhunderte schenken, damit er uns den Weg zum Himmel zeigen kann!"
Als er dies schrieb, war Cordus dreiunddreißig Jahre alt. Sechs Jahre später sollte er die Verbindung zu Erasmus abbrechen. Dessen unentschiedene Haltung zu Luther enttäuschte ihn bitter. Erasmus' Strahlenlicht begann im Erfurter Kreis zu erlöschen. Nur Eoban hielt dem Verehrten die Treue bis zu dessen Tod im Jahr 1536.

8. Luther

Der Thesenanschlag an der Schloßtüre zu Wittenberg am 31. Oktober 1517 durch den Mönch und Professor Martinus Lutherus war weder dem streitbaren Papstgegner Hutten noch den Erfurter „Capnobaten" auffällig gewesen. Denn noch wogte der Meinungsstreit um den Prozeß Reuchlins; und die Wirkung der Dunkelmännerbriefe auf die Öffentlichkeit stand im Vordergrund des humanistischen Interesses.
Erst als die Leipziger Disputation im Juni/Juli 1519 bevorstand, als sich die Wittenberger Gelehrten Karlstadt und Luther in Ablaßfragen dem Ingolstädter Theologen Johann Eck entgegenstellen sollten, wurde die gesamte Gelehrtenschaft Deutschlands in höchste Aufregung versetzt.
Das Jahr 1519 hatte sich bereits in politischer Hinsicht bedeutungsvoll erwiesen: Auf den bei seinen Untertanen hochgeschätzten Kaiser Maximilian war nach dessen Tod am 12. Januar sein Enkel gefolgt; bis zum Lebensende hatte sich der alternde Kaiser um die Sicherung dieser Nachfolge bemüht.
Karl war zwar, wie sein Großvater, von deutschem Blute, aber doch kein Deutscher; er verstand nicht einmal deutsch, war

überhaupt, als König von Spanien und Neapel, dazu erst 19 Jahre alt, bisher ohne Kenntnis der deutschen Verhältnisse geblieben.

Unter vielen Bedenken und Kontroversen hatten sich die deutschen Fürsten auf die Wahl Karls geeinigt und schließlich auch den Papst, Leo X., welcher den König von Frankreich, Franz I., als Kaiser vorgezogen hätte, zur Einwilligung für Karl gewonnen.

In Frankfurt am Main wurde am 28. Juni 1519 die Kaiserwahl vollzogen; und nun richteten sich alle Augen erwartungsvoll auf den neuen Regenten. Man erhoffte sich von ihm, daß er endlich die Unabhängigkeit des deutschen Reiches vom päpstlichen Stuhl vollziehen werde. Gleichzeitig mit diesem hochpolitischen Ereignis spielte sich in Leipzig der religiöse Disput ab. Seine Folgen sollten auch ihn zum politischen Ereignis erhöhen.

Nachdem zuerst der Widerpart der Wittenberger, Johann Eck, dort eingetroffen war, langten am 24. Juni Karlstadt und Luther an. Zahlreiche Anhänger und kühle Beobachter umgaben die Disputanten; ihnen zeigte sich in den ersten Tagen Karlstadt, gegenüber Eck, als schwacher Disputant. Endlich, am 4. Juli, trat Luther auf.

Die Tragweite von Luthers Kritik an kirchlichen Zuständen und Dogmen wurde nun für jedermann faßbar: Ein Theologe, ein Mönch war es, der die Irrtumsfreiheit von Konzilien und die Notwendigkeit des päpstlichen Primats bestritt!

Aus dem Erfurter Humanistenkreis waren die drei Freunde Lange, Camerarius und Crafft nach Leipzig gefahren. Ihre Berichte vom Ablauf der 20tägigen Debatte ließen Eoban aufhorchen: Sie stimmten ihn freudig! Luther hatte sich öffentlich von römischen Autoritäten losgesagt und sich zu einigen Thesen des 1414 als Ketzer verbrannten Johann Hus bekannt, sich auf die Heilige Schrift als alleinige Glaubensgrundlage berufen, sich in Lebensgefahr gebracht, um die beschädigte Kirche zu erneuern.

O Carle/ Keyßer lobeſan /
greiff du die ſach zům erſten an/
Gott würts mit dir on zweyfel han.

Nach Hans Baldung Grien: Kaiser Karl V.;
Aus: D. F. Strauß: Ulrich von Hutten,
Hendel Verlag,
1930

Seit dem Beginn des Reuchlinstreites 1509 sah Eoban im Universitätsbetrieb einen Graben aufgerissen: Jeder Nachdenkliche fühlte sich genötigt, hier Partei zu ergreifen. Als Humanist hielt man es mit der liberalen, wissenschaftsfreundlichen Partei Reuchlins und sah die katholische Kirche im Bündnis mit der engstirnigen scholastischen Tradition als Gegenpartei.
Darum der enthusiastische Beifall für Erasmus: Dessen Kirchenkritik im „Lob der Torheit" wurde als aggressive Aktion bewundert – während eigentlich Erasmus durchaus nicht beabsichtigt hatte, aktiv gegen die angeprangerten Übel vorzugehen. Keineswegs wollte er mit seiner nadelspitzen Ironie andere zu derberen Angriffen verführen – bestürzt sah er seine Ansätze nun zur Entfaltung treiben. „Luther brütet das Ei aus, das Erasmus gelegt hat", wurde zur gängigen Redensart in der Frühzeit der Reformation.
Aber nicht erst durch Luther wurde in Eoban die Papstkritik entfacht. Schon in seiner „Antwort des Kaisers Maximilian" auf die „Klage der Dame Italia" (welche Hutten in Rom verfaßt hatte) finden sich, bei Eoban ungewohnt, schneidende ingrimmige Sätze gegen den Papst, deren Inhalt wir hier gekürzt wiedergeben:

> „Der Späher in der römischen Feste (der Papst), geängstigt durch meine (des Kaisers) Truppen, hat die Franzosen gegen mich zu Hilfe gerufen. Dabei wäre es doch *meine* Sache, für den Schutz Roms zu sorgen! Der Papst: bloß als Verwalter des Himmelreichs ist er eingesetzt! Ich, der Kaiser habe dich zum Herrn über Rom gemacht!... Gott, der wohl die Schlüsselgewalt dir anvertraute, (der Papst ist angeredet) hat dir gar nicht erlaubt, Kriegswaffen zu führen! Dein Stab ist ein Hirtenstab, den du zwar *für* die Menschen, nicht aber *gegen* sie einsetzen darfst..."

Hier zeichnete Hessus 1516 bereits den Papst als Unruhestifter und Kirchenfeind, von welchem die Rettung der gerechten

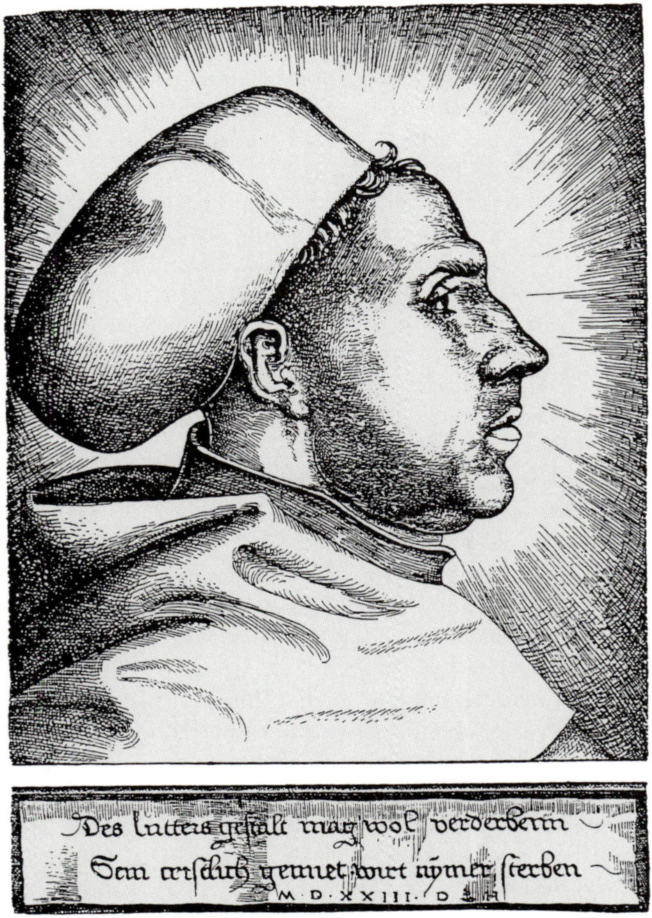

Hieronymus Hopfer: Martin Luther als Augustiner;
Aus: D. F. Strauß: Ulrich von Hutten
Hendel Verlag,
1930

Sache – wie im Osterhymnus 1515 noch erhofft – nie und nimmer zu erwarten sei.

Solche Kritik am Papsttum, in materieller und geistiger Hinsicht, war weit verbreitet. Auch Eobans Konkurrent und Landsmann, der Dichter Cordus, bekannte sich öffentlich und entschieden als Kirchenkritiker (1517):

> „Rom ist so verfault, daß kein Flickwerk mehr hilft; mit der Hacke muß man es ausjäten!
> Der Schacher mit kirchlichen Ämtern ist ein Greuel geworden. Anstatt Kerzen – als Opfer – in die Kirche zu tragen, sollte man lieber ein bußfertiges Herz vor Gott bringen… Während der Bauer hungert, um seine Abgaben ins Kloster zu liefern, liegen die Mönche bequem und satt auf ihrer faulen Haut!"

Von des Cordus' überschwenglicher Verehrung für den göttlichen Erasmus haben wir bereits berichtet. Jedem kritischen Beobachter erschienen Erasmus und Luther seit der Leipziger Disputation als ein Gespann, das einträchtig zum Ziel einer grundlegenden geistlichen Erneuerung hinzog.

Dann aber trat Melanchthon in Erscheinung, blutjung von seinem Onkel Reuchlin aus Pforzheim nach Wittenberg empfohlen. Mit einem unscheinbaren Äußeren vereinigte er phänomenale Griechischkenntnisse und durfte sich schon mit einundzwanzig Jahren Professor nennen. Und er stellte sich zum Entzücken aller Gräzisten und Humanisten mit Entschiedenheit in den Dienst der lutherischen Sache. Diesen liebenswerten Mann 1520 in Erfurt als Gast zu begrüßen, zum Freund zu gewinnen war ein großes Ereignis im Leben der Mutian-Schüler.

Erasmus verblaßt in ihren Augen, ja, seine führende Rolle ist allmählich ausgespielt. Sein Taktieren zwischen den Gegnern mißfällt, ebenso die Art, in der er sich mit abwiegelnden Ermahnungen über die Parteien erhebt – während Luthers Anhänger inzwischen nur von Parteiung und Widerstand eine Besserung erwarten. Nicht Erasmus, sondern Hutten gilt als

Albrecht Dürer: Philipp Melanchthon;
Aus: D. F. Strauß: Ulrich von Hutten,
Hendel Verlag, 1930

Vorkämpfer, der jetzt, nach dem Leipziger Ereignis, mit wachsendem Eifer in hektischen, bitteren Flugschriften die unerträglichen kirchlichen Zustände geißelt.

„Hutten erscheint weit früher auf dem Kampfplatze als die Erfurter; in ihm sind überhaupt alle den Humanismus bewegenden Kräfte aufs Urwüchsigste geeinigt“, so urteilt der Eoban-Biograph Krause (Bd. I, 321). Das gegensätzliche Verhalten zeigt Mutian. Er hat sich nach dem Erscheinen der Dunkelmännerbriefe aus dem Kampf zurückgezogen und die glückselige Ruhe seiner Häuslichkeit (beata tranquillitas) zurückzugewinnen versucht. Luthers Umtriebe beurteilt er mit Skepsis, indem er sich an die Empfehlungen des Erasmus hält. So empfindet er seine Schüler, soweit sie zu Luthers Partei überlaufen, als Abtrünnige. Eoban gehört zu diesen Abtrünnigen! Ja, bald wird Luther zum Helden seiner Erfurter Anhänger! Welch freudige Spannung in ihrem Kreise, als dieser Held 1521 zum Wormser Reichstag geladen, als ihm durch den Landesfürsten Friedrich den Weisen freies Geleit ausbedungen wurde!

Welch ein Jubel in Erfurt bei der Nachricht, Luther werde auf der gefährlichen Reise in Erfurt Station machen, zwei Nächte dort weilen und dem Volke eine Predigt halten (6.–8. April 1521)!

Der große Tag ist da. Ein Aufgebot an Reitern, zahlreiche Fußgänger, alles strömt zur Einholung des Gastes vor die Stadt. Eobanus findet sich bei den Reitern. Festlich sieht er die Pferde geschmückt. Seine starke Empfindung für die Bedeutung des Tages hat er in eine Elegie gegossen, die als Gruß an den Herannahenden gedacht ist. Jedoch bei der Begrüßung vor den Toren, welche sein Freund Crotus als derzeitiger Rektor der Universität vornimmt, vermag Hessus nur einige Worte zu stammeln, so sehr übermannt ihn die Rührung! Crotus kennt Luther bereits von gemeinsamen Studienjahren in Erfurt und wahrt die Fassung.

Zu Eobans freudetrunkener Grußelegie kommen rasch drei weitere im Zusammenhang mit Luthers Aufenthalt; bereits sechs Wochen später erscheinen sie im Druck. Ja, der aufgewühlte Dichter fügt noch zwei Elegien dazu: öffentliche Auf-

rufe an die Freunde Justus Jonas und Hutten, den am 8. Mai in Worms verurteilten Luther vor dem Untergang zu schützen.
Von den vier Luther gewidmeten Elegien enthält die erste, als Gruß an den herannahenden Reformer gestaltet, die in dieser Sache bedeutendsten Worte:

Ille quidem primus vidit vir inutile nostro
  Tempore per Christi surgere semen agrum,
Vidit et est ausus duros adhibere ligones
  Noxiaque artifici vellere quaeque manu.
Ante quidem vidit mundoque ostendit Erasmus,
  Secula quo cernunt doctius ista nihil.
Quam fecisse igitur velut est minus ostendisse,
  Lutherus meriti grandius instar habet.

„Luther hat als der Erste unsrer Zeit das Unkraut auf Christi Acker nicht bloß gesehen, sondern zugleich auch gewagt, mit kräftiger Hacke, mit tüchtiger Hand alles Schädliche zu jäten. Freilich, vor ihm sah es und zeigte es der Welt Erasmus, den an Gelehrsamkeit heute keiner übertrifft. Aber: um soviel, wie Zeigen weniger ist als Tun (= Jäten), um soviel hat Luther das größere Verdienst."

Wie es bei feierlichen Anlässen in humanistischer Dichtung geboten erscheint, läßt der Dichter beim Empfang Luthers auch den Flußgott Hieras (die Gera) aus den Fluten auftauchen und ein Wörtlein mitreden:
„Der Flußgott hebt sich aus seinem strömenden Bett und überbringt die Gratulationen der Erfurter Bürger, gewendet an den Mann, der... das reine Gotteswort wieder hergestellt und damit die verhüllende Decke vom Haupt des Mose genommen hat (Anspielung auf das Alte Testament, 2. Mose 34, 29 ff)."
Von ganz besonderer Schönheit ist die zweite Elegie. Sie schildert das Herannahen Luthers in seinem leichten Reisewägelchen, umgeben von Begleitern.

„Wer kann zählen des Volkes schaulustig drängende Menge?
Solch ein Schauspiel fürwahr bietet nur selten sich dar!"

Die Schar der Erfurter Musensöhne auf stattlichen, geschmückten Rossen, Crotus an der Spitze, welchem dann unter kaiserlichem Geleite Luther entgegenfährt. Und Crotus spricht, überwältigt durch die Wucht des Augenblicks, seine Grußworte, ehe man sich gemeinsam der freudeberauschten Stadt zuwendet.

In der dritten Elegie ist die Predigt, die Luther am 7. April im Augustinerkloster hält, das Thema: Allzuviele Begeisterte, Lutherfreunde, drängen in die Kirche; von dem Gewicht der Menschenmenge kracht es gefährlich auf den hölzernen Emporen. Alles entsetzt sich, aber Luther beruhigt: Satan ist zwar am Werke, aber Gefahr droht uns nicht; denn gegen Gottes Willen kann er nichts ausrichten!

Danach predigt er, ein reiner Gottesbote, ganz anders als die durch Wohlleben fetten gewöhnlichen Priester – predigt das reine Wort Gottes; und jeder Christ kann den Text selber nachlesen, denn es gibt bereits deutsche Bibeln!

Als Luther am 8. April 1521 Erfurt hinter sich ließ, rief ihm Eoban mit seiner vierten Elegie die Abschiedsworte nach:

„Geh also nun nach Worms! Die Engel sollen dich führen! Du wirst zu Königen kommen, die im Kaiser-Palast residieren. Stehen wirst du vor ehrwürdigen Fürsten, o Luther! Doch ganz Deutschland wird für dich in Waffen bereit stehn. Geh! Dir wird Stärke verleihen der, welcher sich selbst gab (Christus). Er wird dich schützen, der selbst dies Werk in Bewegung gebracht hat."

(= ...Magna piis pro te Germania stabit in armis. I! dabit ille tibi vires, qui se dedit ipsum Idem servabit qui movet illud opus.)

In dieser Weise wünscht Eoban dem mutigen Reformator Stärke und Gottvertrauen, Engelsgeleite, Kampfgeist seiner deutschen Landsleute.

Er wendet sich aber auch an den Kaiser selbst, in dessen Hand nun das Leben Luthers liegt, und ermahnt ihn direkt:
„Carole, Semideum sate stirpe ab utroque parente, Virtutem factis sic utriusque refer. ... Lurida non audi spirantes toxica linguas, Praecipue magnis Regibus ista nocent."
„Kaiser! der du von beiden Eltern als Halbgott geboren, Zeige durch Taten du/beider Tugend aufs neu! Hör doch nicht auf die Stimmen, die scheele Giftworte zischeln! Solche schaden zumeist/großen Königen ja!"
Mit allen papstkritisch gesinnten Freunden teilt Eoban die Enttäuschung, ja Entrüstung, als er hört, wie die Anhörung Luthers in Worms verlaufen ist, und ihre Besorgnis und Trauer bei der Nachricht vom Verschwinden Luthers auf seinem Rückweg.
Seine Elegie an Jonas, zugleich Brief, fragt diesen als den Begleiter Luthers zornig: „Wie hat die römische Pest Luther zu verderben gesucht? ...Wo sind nun 'die tapferen Kämpfer', Hutten und Sickingen?"
Und an Hutten selbst schreibt er: „Auf, tapferer Ritter, verteidige jetzt... den deutschen Luther, rette unsre Freiheit!... Sollen wir noch länger ertragen, daß Rom unser Land verschlingt? Könnte ich doch selber zu den Waffen greifen!..."
Luthers Aufbruch hat für viele Deutsche mehr nationalen als theologischen Charakter; auch Eoban läßt sich vom Motiv der Freiheit von Rom weit stärker motivieren als von Luthers Durchburch zur „Gnade ohne Gesetzeswerke". Das hatte der langjährige Einfluß Huttens bewirkt, auf dessen Dreinschlagen er in jenen turbulenten Tagen nun fieberhaft wartet. Aber Hutten, bisher von seiner Aufgabe emporgetragen, ist bereits dem Untergang geweiht. Sein ritterlicher Gesinnungsfreund, Sickingen, holt sich vor Trier, bei der Belagerung des geistlichen Fürsten Greiffenklau, eine vernichtende Niederlage und erliegt wenig später auf der Burg Landau in der Pfalz einer schweren Wunde. Hutten sucht, als flüchtender Abenteurer, in der Schweiz Asyl und stirbt an den Folgen einer langjährigen,

bösartigen Krankheit 1523 auf der Insel Ufenau im Zürichsee; fünfunddreißig Jahre alt ist er nur geworden.
Von seiten der Ritter, das wird somit deutlich, ist Hilfe für Luthers Sache nicht zu erwarten, geschweige denn eine Neubildung der Institution Kirche, losgelöst vom päpstlichen Stuhl. Unter den lutherfreundlichen Humanisten verbreitet sich Mutlosigkeit.

9. Die Prädikanten

Weit erschreckender war aber bald nach Luthers Verschwinden für Eoban die Wahrnehmung, daß sich an der Erfurter Universität jetzt eine verhängnisvolle Spaltung vollzog. Luthers Predigt von der geistigen Freiheit hatte Turbulenzen heraufbeschworen: Aufstände der Bürger und Studenten gegen die Vertreter der alten Kirche; diese antworteten mit Maßregelungen und Ausschließungen. Aus Mutians Kreis waren die Geistlichen Jonas und Drach Erstbetroffene; als aber beim folgenden „Pfaffenstürmen" die Kanonikerwohnungen angezündet wurden und selbst wohlmeinende, humanistenfreundliche Theologen der Wut des Pöbels ausgeliefert waren – unter ihnen der gütige Musenfreund Maternus Pistoris, dem Eoban viel Förderung verdankte – da schritt der Magistrat ein. Er schützte nun zwar die bedrohte Partei, doch verlangte er erstmals auch Steuern von den romtreuen Geistlichen; und dadurch gerieten die entzweiten Richtungen in bitterste Empörung gegeneinander.
Der Augustinerprior Lange, ein gründlich ausgebildeter Graezist – er hatte auch dem Kreis um Mutianus angehört und wurde später zum Reformator Erfurts – verließ das Kloster und fing an, im Sinne Luthers zu predigen, unbekümmert um feindselige altkirchliche Theologen, da er ja nicht seine eigne, sondern die Sache Christi betreibe! Noch ließ Eoban, völlig im Einklang mit Langes Lutherbegeisterung, dessen „Sendschreiben" augenblicklich in den Druck gehen. Cordus trieb es noch

ärger: Er jubelte sogar in grimmigen Epigrammen über das Sterben „seiner Feinde"; er meinte einige päpstlich gesinnte Professoren, welche die neuerlich wieder grassierende Pest hingerafft hatte.

Eben diese Pestseuche wurde aber jetzt der – vordergründige – Anlaß, daß in Erfurt die Studenten ausblieben; und als die Pest erlosch, gingen die Hörerzahlen dennoch weiter zurück. Bis 1526 sank die Zahl der Inscribierten ständig, bis auf 14; ein völliger Ruin der Professorenschaft, ja, der Stadt, war abzusehen. Theologisch interessierte Studenten wandten sich nach Wittenberg; doch selbst an dieser neuen renommierten, lutherfreundlichen Hochschule ließen die Wirren der Zeit wenig Lust am Studieren aufkommen.

Es war ein völliger Schiffbruch der gelehrten Welt, aus der sich jeder Betroffene auf andre Weise zu retten suchte. Crotus hatte sein Rektorenamt mit einem Platz im Kloster zu Fulda vertauscht, Crafft folgte ihm nach dort. Jonas fand wenigstens in Wittenberg Aufnahme, nach ihm auch Drach und Camerarius. Eoban, an seine große Familie gebunden, war zum Bleiben verurteilt.

Nun erhoben rings um Erfurt neue Volksprediger oder Prädikanten ihre Stimmen von den Kanzeln. Mönche, welche die Kutte abgelegt und teilweise Nonnen geheiratet hatten: In einem Aufwaschen prangerten sie neben der Verderbtheit der römischen Kirche auch die Schädlichkeit des Gelehrtentums an. Bildung sollte von Übel sein, denn:

„*Den Unmündigen* hat Gott seine Weisheit offenbart."

Latein wie Griechisch, ebenso Hebräisch zu lernen sollte hinfort überflüssig sein – es liege ja doch die Bibel in deutscher Sprache vor!

Das erst 1519 reformierte Studium der Theologie mit gründlicher Vorbildung in den drei alten Sprachen sollte jetzt ohne Vorstudien in den bonae artes, ohne Poeten und Rhetoren als Lehrer, gleich zur Sache selbst kommen. So das Feldgeschrei der Prädikanten. Humanistische Studien um ihrer selbst willen? Zeitverschwendung! Nur im Dienste der Bibelwissenschaft, als „Magd der Theologie“ sollten sie am Rande ihr Leben fristen.

Seit 1522 bereits ist von Eoban nur noch Klage zu vernehmen, „weil alle Studien daniederliegen und wir selber verachtet sind“. Eobans spärliches Einkommen, durch rapiden Verlust an Hörern minimiert, vermochte sein Hauswesen nicht zu erhalten; großmütige Freunde mußten ihm zu Hilfe kommen. Und zu allen andern Bedrängnissen kam, daß er, der Luther-Verehrer, selbst den Verdächtigungen der Prädikanten anheimfiel, weil er sich der persönlichen Freundschaft mit „Papisten und Sophisten“ – gemeint waren die altkirchlichen Kollegen an der Universität – nicht enthalten mochte.

Auch die Stadt Wittenberg hatte mit Turbulenzen zu kämpfen, nachdem es durch Karlstadt, die Zwickauer Propheten und Müntzer zu Meinungsverschiedenheiten über die rechte biblische Lehre gekommen war. Der Rat der Stadt und die Universität riefen im Einverständnis mit Melanchthon und dem Kurfürsten Luther von der Wartburg herbei; wie erwartet, gelang es ihm durch eine Predigtreihe (seit 9. März 1522), die Ordnung wieder herzustellen. Lebensgefahr drohte ihm nicht mehr. Als nun Eoban von seinem ehemaligen Freund Lange, der vormals als Augustinerpater, jetzt als „Prädikant“ wirkte, als ein von Luthers Partei Abtrünniger verdächtigt wurde, während er doch nach wie vor Luther und Melanchthon, die Reformatoren sämtlich, samt der Universität Wittenberg, aus tiefstem Herzen verehrte, da wandte er sich in seiner Bedrängnis an Luther selbst, indem er seine Dichtkunst zu Hilfe nahm. Er schrieb den „Brief der geschlagenen Kirche an Luther“, worin er die so gebeutelte Ecclesia selbst zum Sprechen brachte. „... das entschiedenste Bekenntnis, welches er für die Sache der Reformation abgelegt hat, aber zugleich das wehmütigste“, so charakterisiert der Biograph Krause das kleine Werk.

Die im Kerker des Papsttums gefangene Kirche klagt ganz im Stile der „Heroiden“, welchem Werk er das Gedicht später beim Anlaß einer Neuauflage denn auch anfügt. Anklänge an Huttens Brief der „Italia an Kaiser Max“ sind unverkennbar: Ecclesia wird vom Haupt der Welt, vom Tier der Verwüstung mißhandelt und geknechtet. (Gemeint ist hier der Papst.)

Kupferstich von de Bry, 1580: Johannes Draconites;
Aus: A. Overmann: Erfurt in zwölf Jahrhunderten, 1929

Möge doch Luther es mit Gottes Hilfe überwinden! Falsch ist ja der Ausdruck „Stuhl Petri“, denn Petrus war nie in Rom! Erfindung, nicht der heiligen Schrift gemäß, ist die dreifache

Krone – Christus trug eine solche nicht! Die „Hirten“ sein sollten, Bischöfe und Priester, rupfen ihre Herde kahl; und der niedere Klerus ist allen Lastern ergeben. Die göttliche Gnade, so belügt man die Gläubigen, sei durch Ablaß zu erwerben. Hier geht es doch nur um die Ausbeutung armer Leute! „Und doch: wie gering ist die Zahl der Städte, die dich, meinen Retter möglicherweise (= Luther), unterstützen! Aber Gott wird weiter helfen und die Herrschaft des Baal auf Erden beenden.“

10. Für die Sache Luthers und der Wissenschaften

Dankes- und Lobbriefe waren die spontane Reaktion Luthers und Melanchthons auf Eobans „Ecclesia“. Diese ihm wertvollen Zeugnisse ließ Hessus nun umgehend mit einigen anderen an ihn gerichteten „Briefen gelehrter Männer“ in den Druck gehen. Sie geben Aufschluß über die unsichere Situation der Professorenschaft, seitdem die Sprachstudien allgemein so verachtet sind. Eoban nennt die Briefsammlung daher „Über die Notwendigkeit der Sprachstudien für den künftigen Theologen“; und gerade Luthers Brief bestätigt nachdrücklich den Titel: Ohne die Sprachenkenntnis könne wahre Theologie nicht bestehen, bekräftigt der Reformator: Poesie und Rhetorik bilden das Fundament der Theologie! Freilich beruhigt Luther auch den verstörten Erfurter Professor: Eine „neue Barbarei“ sei durch die neue Situation nicht zu befürchten. „Manch einer fürchtet, wo gar nichts zu fürchten ist.“
Melanchthons Brief aber gibt den Befürchtungen des Hessus (= der geschlagenen Kirche) recht: Durchaus könne es zu einer „neuen Barbarei“ kommen, wofern man nicht rechtzeitig dagegen wirke. Deshalb betreibe er (Melanchthon) ja selbst weiterhin das lateinische Versemachen – obwohl er hierin eigentlich nicht begabt sei.
Derartige Briefsammlungen waren eine vielgeübte Gepflogenheit der Zeit. Sie entsprachen ungefähr dem Zweck unsrer heu-

tigen Zeitschriften: Sie dienten der Meinungsbildung und als Grundlage für Diskussionen. Doch war selbst bei nüchternen Tagesfragen Gedichtform so üblich wie Prosa: Dem Gebildeten erschwerte eine Elegie die Lektüre nicht.

Mit vier eigenen Elegien kann deshalb Eoban, dem Poesie allzeit leichter fiel als Prosa, diese Briefsammlung beschließen, ohne formal zu mißfallen. Inhaltlich allerdings versteigt er sich allzu hitzig, ja unklug in Anklagen gegen seine Verächter, die lutherisch gesinnten Prädikanten – und so gerät er nach der Drucklegung von neuem, gegen seine Intention, in den Verdacht, papistisch zu sein.

Hier laviert er sich, ähnlich dem Erasmus, zwischen die Fronten; es wird ihm „Farblosigkeit, Charakterschwäche, Spießbürgerlichkeit“ vorgeworfen um seiner Klage willen:

„Das größte Unglück ist, daß nun, während die evangelische Wahrheit ans Licht dringt, die Studien veröden.“

Dabei bleibt der Grundton seiner Elegien doch auf Hoffnung gestimmt: „Zwar erhebt sich das Schlechte (Unbildung) gegen das Gute (Bildung und Wissenschaft); aber die Jugend wird bald zum Guten zurückkehren – so, wie doch jeder lieber edlen Wein trinkt als fades Wasser!“

Mit solchen und weiteren Schriften war der nun vereinsamte und verarmte Dichter bis in den Sommer 1524 hinein beschäftigt. Auch zu Dialogen, Prosawerken im Stile von Huttens Kampfschriften, nahm er seine Zuflucht, um auch in Prosa das Problem zu bewältigen, daß er als abgefallener Lutheraner galt, während sein Anliegen doch lediglich die Abwehr der Auswüchse war! „Großer Gott, was höre ich? Kennt man Eoban nicht besser?“ fragt er bestürzt.

Es geht ihm jedoch weniger um Luthers Erneuerungswerk; es geht ihm vor allem darum, die humanistischen Studien ins rechte Verhältnis zur erneuerten Theologie zu setzen. Gewiß, sie sollen bloß als Vorstudien fürs Bibelstudium dienen. So wird der Humanismus immerhin die Rolle der dienenden Magd (ancillans serva) erhalten; nachdem die alte Kirche seiner

aber gänzlich entbehren konnte, gewinnt er jetzt allmählich an Boden; er „kann gelangen durch Dienen zum Herrschen" und gewinnt dabei die Wertschätzung der anderen Fakultäten. So wünschte sich der Dichter die Zunkunft.
Wirft man Eoban aufgrund seiner hier genannten Schriften konfessionelles Grenzgängertum und papistische Anwandlungen vor, so ist dagegenzuhalten, daß Parteiengezänk seinem Charakter gänzlich abging. An den nun fixierten starren konfessionellen Schranken konnte er keinen Gefallen finden. So „trug er Wasser auf beiden Schultern". Seine Sympathie galt jedem wohlmeinenden Menschen – und den Freuden des Lebens. Die innige Freundschaft des Mutianschen Kreises schwebt als lichtes Ideal weiterhin vor seinem Geist; damit verglichen schwindet für ihn der konfessionelle Hader zu einem Nichts.

11. Medizin-Studium

Eoban mußte erleben, wie ihm von Universität und Stadt seine Gehälter auf ein Minimum verkürzt wurden. Seine wachsende Familie sah er dem Hunger und Schuldenmachen ausgesetzt. Notgedrungen beschloß er, von den vonis artibus (von Poetik und Rhetorik) zur Jurisprudenz, und, als dieser Plan scheiterte, zur Medizin überzuwechseln. Und das im Alter von siebenunddreißig Jahren!

Tatsächlich begann er dieses Studium. War doch sein Freund Sturz als Arzt ein vermögender Mann; und auch der Dichter Cordus war Mediziner geworden und hatte bereits eine einträgliche Stelle als Stadtarzt in Braunschweig! Der väterliche Mutian war entsetzt. Ihm erschien der Poet absolut ungeeignet zum Arzt, schon weil seine Trinkerei ihm das Vertrauen der Patienten entziehen werde, aber noch mehr, weil er damit sein Talent verspiele. Vergeblich! Bereits ein Jahr später erklärte sich Eoban durch intensives Studium des Hippokrates „in einen Arzt verwandelt."

Das philosophische Grundstudium von vier Jahren Dauer, welches im 16. Jahrhundert jedem Studenten abverlangt wurde, verkürzte die Verweildauer in den andern Fachrichtungen erheblich und ließ die Ausbildung zum Juristen oder Mediziner in bedenklich kurzer Zeit vonstatten gehen.

In einem umfangreichen, 300 Distichen starken Lehrgedicht mit dem vielversprechenden Titel „Wie man seine Gesundheit erhält" bewies Eoban, daß er in der Lehre des Hippokrates bereits weit vorangeschritten sei.

Solch rascher Vervollkommnung in einer solch risikoreichen Kunst würde unser 20. Jahrhundert mit großem Mißtrauen begegnen – Eobans einzige Bedenken betrafen die Frage, wie er jetzt an den kostenträchtigen Doktortitel gelangen könne, der in Erfurt obendrein nicht zu erreichen war.

Prag oder Wien schwebte Eoban vor; das Reise-, Zehr- und Examensgeld versuchte er brieflich von Georg Sturz zu erbitten, welcher Erfurt Anfang 1525 verlassen hatte und zu Eobans Kummer in seine Heimat Annaberg zurückgekehrt war.

Im Mai 1525 entzog der Magistrat ihm endgültig sein Gehalt. Die 30 Gulden von seiten der Universität reichten, auf ein Jahr berechnet, gerade für „Wasser und Brot". Mühselig hielt er seine Familie durch Beihilfe der jetzt auswärtigen treuen Freunde am Leben.

Da kam plötzlich Camerarius – er hatte sich nach Bamberg zurückgezogen – auf Durchreise nach Erfurt und brachte eine hoffnungsträchtige Nachricht: In Nürnberg sollte demnächst eine neue wissenschaftliche Knabenschule entstehen! Melanchthon hatte die Gründung übernommen; er schaute bereits nach tüchtigen Lehrern aus.

Welch ein Umschwung vollzog sich für Hessus nun in kürzester Zeit! Schon im Januar 1526 war seine und Camerars Berufung perfekt. Vor allem mußte wieder der Arzt Sturz bemüht werden, um den hoch aufgehäuften Schuldenberg Eobans zu tilgen. Ein augenscheinlich glänzendes Gehalt von 150 Gulden pro Jahr hatte Melanchthon für Eoban in Nürnberg erwirkt. Nach allen erlittenen Bedrängnissen verlangte dieser nun sehnlichst, von Erfurt wegzukommen.

Als wolle er dem Abschied von seinem Lieblingsjünger, dem Schwan Eoban, noch zuvorkommen, verstarb kurz vor Eobans Abreise am 30. März 1526 sein Meister Mutian. Er verschied in völliger Armut – hatten doch seit 1522 die aufsässigen Bauern eine Abgabe ihres Zehnten an die Kanoniker verweigert.
Seine Gäste hatte er allzeit gerne, wenngleich bescheiden, bewirtet; bitter schmerzte den Altgewordenen, darauf zu verzichten. Weil er diesen ihm ungewohnten Zustand der Reformation und Luther zur Last legte, rückte er gänzlich auch von „dem neuen Glauben“ ab. Ebenso wie Erasmus wollte er den Humanismus dem Gelehrtenstande erhalten wissen und dabei die Sittenverderbnis des Klerus in Kauf nehmen, sofern ihm nur ein ruhiges Leben vergönnt wäre. Daß seine Schüler zu dem tumultuarischen Luther überliefen, empfand er als törichten Abfall vom früheren gemeinsamen Ideal.

Nicht nur seine schwache Gesundheit, auch die Ängste seiner späten Jahre rieben ihn auf; als gebeugter Mann von fünfundfünfzig Jahren starb er im Schoße der Kirche, welcher er in der Blütezeit seines „Ordo“ so viel herbe Kritik hatte widerfahren lassen.

Eoban schrieb dem Verehrten ein Epicedion, wie vormals für Reuchlin. Er brachte es aber tatsächlich erst fünf Jahre nach dem Hinscheiden Mutians zustande, so sehr wurde er durch den Umzug nach Nürnberg und die dortigen Aufgaben beansprucht. Trotzdem fällt die lange Zeitspanne auf. Hatte die beginnende Reformation zu einer Distanz zwischen den beiden einst gleichgestimmten Geistern geführt?

Zwölf Jahre hatte Eoban in Erfurt gewirkt, davon war er neun Jahre lang Professor gewesen. Er hatte viele Studenten angezogen, er war in ganz Europa als Dichter gefeiert, fast vergöttert worden. „Jetzt zog er still und geräuschlos aus der Stätte seines Ruhmes. Von einem Abschiede hören wir wenig“, berichtet Carl Krause.
Sein Häuschen, die „casa regina“ (= Königsburg) wurde zur Abtragung seiner Schulden versteigert.

1526 – 1533

Eoban in Nürnberg

1. Stadt und neues Gymnasium

Nürnberg war aufgund seiner günstigen zentralen Lage zwischen Donau und Rhein im Herzen Deutschlands seit Jahrhunderten eine blühende Handelsstadt. Ihren höchsten wirtschaftlichen, politischen und kulturellen Aufschwung erfuhr die Stadt zu Beginn des 16. Jahrhunderts. Während der Ritterstand sein Ansehen in dieser Zeit allmählich verspielte, boten die reichen Bürger solcher aufstrebenden Städte ein Beispiel dafür, wie Macht und Reichtum auch Bildung und Handwerkskunst nach sich zogen. Reiche Patrizier warfen sich in Mußestunden auf die Gelehrsamkeit; besonders der einflußreiche Wilibald Pirkheimer, bekannt als Verteidiger Reuchlins – und Gegner von Eck seit der Leipziger Disputation 1519 – erregte unter Humanisten Bewunderung. Alle Senatoren verstehen Latein, schreibt Eoban staunend nach Erfurt, manche sogar Griechisch.

Was Eoban ignorierte: Auch die deutsche Sprache stand in Nürnberg zu dieser Zeit auf hohem Niveau. Hans Sachs (1494 – 1576), der Schuhmacher und Poet, aufgestiegen aus Nürnbergs berühmter Sängerschule, erlebte große Erfolge mit seinen Meisterliedern, Schwänken und Spielen. Handwerkerkunst war hochgeachtet. Bald nach dem Beginn der Kirchenspaltung war er mit Dialogen und dem Gedicht „Die Wittembergisch Nachtigall“ für Luther eingetreten. Dies hätte Eobans Beifall finden müssen. Jedoch war Eoban, dieser sonst weitherzige, großzügige Charakter, in seinem Urteil hier verbildet: Er distanzierte sich fast feindselig von Sachs, den er nicht einmal namentlich erwähnte, wenn er im „Lob Nürnbergs“ Gedichte „in barbarischer Sprache" einfach ignorierte, weil er eine Literatur ohne antike Bildung für schlechterdings unmöglich hielt.

Dagegen entwickelte er einen freundschaftlichen Verkehr zu Dürer, doch starb Dürer schon zwei Jahre nach Eobans Eintreffen.

Die Stadt hatte Luthers revolutionäre Thesen verständnisvoll aufgenommen. Zwei Nürnberger Bürger, Pirkheimer und Spengler, hatte sogar die Bannbulle Papst Leos getroffen. Schon 1522 teilten die Geistlichen zu Nürnberg das Abendmahl in beiderlei Gestalt aus. Die „Wiederentdeckung des Gotteswortes" ließ jetzt eine humanistisch geführte Schule mit gründlicher Ausbildung in den alten Sprachen besonders dringlich erscheinen.

So wurde mit Hilfe Melanchthons das „Aegidiengymnasium" begründet; durch ihn waren Camerarius, Roting und Hessus als Lehrer dorthin berufen worden.

Melanchthon selbst hielt zur feierlichen Eröffnung am 23. Mai 1526 die lateinische Weiherede; und Eoban begrüßte den Freudentag mit einer festlichen Elegie. Zum erstenmal war die Möglichkeit realisiert, Griechisch, ja sogar Hebräisch an einer Stadtschule zu erlernen. Sämtliche Fächer wurden auf die Grundlage antiker Autoren gestellt.

Erstmals auch lag die Leitung einer Schule nicht in Händen der Kirche, sondern beim Magistrat. Die Lehrergehälter waren üppig. Von weither sandten Bürger ihre Söhne als Pensionäre in die Häuser der Dozenten. Eoban durfte hoffen, daß diese Nürnberger Bildungsanstalt die berühmteste in Deutschland würde!

Seine Verpflichtung war nur täglich eine Stunde in Vergil-Lektüre oder Poetik, nicht anders als in Erfurt. Der Name „Gymnasium", der sonst im 16. Jahrhundert den Universitäten vorbehalten war, wurde dieser neuen Einrichtung auch von auswärtigen Professoren gerne zugestanden.

Natürlich mußte sich Eoban trotz aller hochfliegenden Pläne auf Anfänger in poetischen Fragen einstellen. Dies veranlaßte ihn zur Herausgabe von Lehrbüchern – aus der Praxis für die Praxis!

Noch im Gründungsjahr der Schule legt er sein „Compendium zum Versemachen" vor – welches die Quantitätsregeln, Strophenformen, Versarten, Redefiguren als „schmückendes Beiwerk" und die richtige Wortwahl behandelt, dazu die „Vermeidung von Fehlern", worunter Eoban „Barbarismen" und „unzüchtige Ausdrücke" rechnet. Das kleine Lehrwerk ist in Prosa verfaßt.

Den Plan, für die fortgeschrittenen „pueri" eine Fortsetzung zu schreiben, läßt er fallen: Es existiert ja seit 1509 das Gedicht seines Freundes Hutten „Über die Verskunst", ein beliebtes Büchlein in reinen Hexametern; dieses gibt Eoban nun aufs neue heraus und empfiehlt es den Schülern.

Hierauf stellte Eoban „Adnotationes", also „Anmerkungen", zu Vergils Hirtendichtung und Bauerndichtung zusammen. Seine „Anmerkungen" bieten Parallelstellen aus Theokrit, Homer, Lukrez, Plinius und anderen; so kann er zeigen, auf welche Dichter Vergil zurückgegriffen hat. Genauso soll Eobans Schülerschaft ihre Autorenkenntnis zwecks geschmackvoller Nachahmung täglich erweitern. Aber auch die Bukoliker *nach* Vergil zieht Eoban vergleichend hinzu. Er nennt die italienischen Renaissance-Dichter Calpurnius – Petrarca – Mantuanus Baptista; er zieht die Linie weiter zu Cordus und endigt bei sich selbst. So zeigt er sich als gründlicher Kenner der einschlägigen Literatur durch zwei Jahrtausende.

Schon im ersten Nürnberger Sommer, 1526, nachdem Eoban dem neuen Gymnasium zwei begeisterte Lobes-Elegien gewidmet hat, fühlt er sich auch der Stadt gegenüber zu einem Preisgedicht verpflichtet. Er schreibt ein Idyll „Lob auf Nürnberg", dem Nürnberger Senat zugedacht, von welchem sich der Dichter dafür einen Dank in klingender Münze erhofft – leider vergeblich! In diesem Gedicht wird „poetisch", also dichterisch stark überhöht, die Fülle von Kunstfertigkeit und Gelehrsamkeit in der schönen Stadt verherrlicht; hinzu kommt die Pracht der Bauwerke und Kunstgegenstände: Solches schufen die begabten, kunstliebenden, wehrhaften Bürger, die vor dem Gesetz alle gleich und frei sind! Die umgebende Landschaft ist schön; ein lieblicher Fluß (wichtiges Thema aller Humanisten!) durcheilt sie: Als „Pegnesia" darf die Pegnitz mit ihren Badehütten und Lusthäusern in dem überaus freundlichen Gemälde nicht fehlen!

Die enge Verbindung Eobans mit den Thüringer Freunden hielt ihn über das weitere Ergehen der Universität Erfurt auf dem laufenden. Diese beklagenswerte Hochschule verfiel von Tag zu Tag; wer dort noch auf Amt und Brot gehofft hatte, wanderte jetzt fort. Im Gegensatz dazu verlautete aus Hessen, es sei eine Universitätsgründung in Marburg geplant. Welch ein Aufhorchen unter der Poetenschaft; wie mancher spekulierte auf eine ehrenvolle Berufung! Auch Eoban als ein hessisches Landeskind ließ alsbald in Briefen an einflußreiche Bekannte sein Interesse an einer Tätigkeit in Marburg erkennen.

Die Gründung erfolgte zu Marburg schon im Mai 1527, exakt ein Jahr nach der Schulgründung zu Nürnberg. Doch Eoban war nicht unter den ersten Berufenen. Noch neun Jahre sollte er auf einen Lehrstuhl im Heimatland Hessen zu warten haben.

In der Zwischenzeit ließ es sich auch unter den Nürnberger Kaufleuten leben, deren nüchterner Sinn jedoch Eobans erste Freude an der neuen Wirkungsstätte merklich abkühlte: Er nannte die sämtlichen Nürnberger „Kaufleute, die nur von Safran und Pfeffer träumen und von den Wissenschaften kaum etwas begriffen haben."

Dagegen hat er in den sieben Nürnberger Jahren an dem zwölf Jahre jüngeren Joachim Camerarius einen treuen Kollegen und starken Halt. Zur Stütze seiner Bemühungen beim Griechisch-Lernen, zur Beratung bei seinen Ilias-Übersetzungen ins Lateinische, zum Anhören seiner poetischen Pläne ist ihm dieser gründliche Graezist, Philosoph, Theologe und Mathematiker, einer der jüngsten aus Mutians Poetenkreis, unentbehrlich. Als sich Camerar mit einer jüngen Nürnbergerin verheiraten will, dichtet ihm sein Eoban ein heiteres Epithalamion (= Hochzeitslied). Er nennt es „Triumphierende Venus" und hängt ein „Spiel der Musen" daran. Ganze Scharen und Reigen von griechischen Göttern, Halbgöttern, Staatsmännern (Cicero und König David), Poeten, Philosophen, ja sogar Mönche und Nonnen läßt Eoban aufziehen, um sie alle als „von Venus Besiegte" darzustellen!

2. Niedergang der neuen Schule

Als sich Eoban daran machte, die Idyllen Theokrits aus dem Griechischen ins Lateinische zu übertragen, war ihm Camerars Ermutigung und Beratung unentbehrlich. Der noch vorhandene Briefwechsel zwischen ihnen gewährt Einblicke, wie sie ihre literarischen Vorhaben gemeinsam planen, gemeinsam durchführen, kaum etwas ohne vorherige Besprechung in den Druck geben.

Trotz dieser regen geistigen Tätigkeit, trotz der Begeisterung, ohne Repressalien von seiten der alten Kirche für eine schönere Bildung wirken zu dürfen, konnte nach kurzer Zeit die Wahrnehmung nicht mehr verdrängt werden, daß die Ägidienschule nicht den erwarteten Aufschwung nahm. Weitere Schüler blieben aus; den Lehrern wurde Trägheit nachgesagt. Von auswärtigen Humanisten kamen bestürzte Briefe. Erasmus, der sich ohnehin von Luthers Neuerungen distanzierte, schob diesen neuerlichen Beweis von Bildungsverfall nörgelnd auf die Folgen der Reformation.

Es scheint, daß sich das Streben nach Gelehrsamkeit unter den Nürnbergern nicht wunschgemäß einbürgern ließ. Denn die vier niederen Schulen Nürnbergs waren gut besucht: Ein Handwerk schien die bessere Karriere zu gewährleisten als Sprachkenntnisse! Man erlebte ja mit, wie die berühmtesten Poeten auf die Gunst reicher Gönner angewiesen blieben!

Auch die Furcht vor den Türken, vor den Franzosen, vor dem Ausbruch eines Religionskrieges ließ kein Interesse für die Schriften der Alten aufkommen. Dies gilt für die meisten Universitäten zur Lutherzeit: In Wien waren zur Zeit des „Kaisers Max" über tausend Studenten inskribiert – jetzt schrieben sich einzige Dutzend in die Matrikeln ein. Nürnberg verstärkte seine Wälle, um feindlichen Heeren standzuhalten.
Als nach der Schlacht bei Pavia sich der Zorn der deutschen Landsknechte im „Sacco di Roma" (1527) über die Papststadt entlud und den Papst zur Flucht nötigte, erwarteten in Deuschland die Lutherischen freudig, daß Rom, „jene feile Dirne, das stolze Babel" endgültig entmachtet wäre. Aber Luthers Sache gewann hierbei nichts, denn bald erhob sich der Papst wieder zu einem Bund mit Kaiser Karl.
So war Eoban niedergedrückt und zur Klage gestimmt. In einer „Querele über die Tumulte dieser Zeit" versammelte er in sieben Einzelgedichten (vier im heroischen, drei im elegischen Versmaß) alle politischen Übelstände, die der geplagten Menschheit keinen dauerhaften Frieden beließen: vorweg der unmittelbar drohende deutsche Religionskrieg, die Rosenkriege in England, die Kämpfe Preußens mit Polen um das ehemals deutsche Ordensgebiet. Aber am entsetzlichsten ist nach Eobans Urteil „der deutsche Sklavenkrieg" (bellum servile Germaniae), wie er die Bauernaufstände vom Jahr 1525 bezeichnet – er vergleicht sie mit den Spartakuskriegen (73–71 v. Chr.), – und hier zeigt sich Eobans Unvermögen, die bittere Armut des Bauernstandes gerecht auf die Waagschale zu legen: Er hält unbeirrt an dem Standesdenken der Höhergestellten fest, als wäre er nie Kind armer Landsleute gewesen!
In den nun folgenden drei elegischen Gedichten wendet der Dichter seinen Blick auf das gefallene Rom. Er läßt den verstorbenen Rhetor Cicero aus dem Grabe aufstehen und schildert, mit welchem Schmerz und Schrecken er auf die zerstörte Stadt blickt; wo sind nun die herrlichen Bauten, wo die Helden der ruhmvollen alten Tage? „Den Niedergang jetzt mitan-

zusehen, ist wie ein zweiter Tod für mich, der bitterer ist als mein erster!"

„Roma", die personifizierte Stadt Rom, antwortet auf seine Klagen. Daß anstelle der römischen Götter jetzt Christus regiert, ist ganz in ihrem Sinn! Aber die betrügerischen Papisten mißbrauchen diese Religion. „Sie haben mit der Lüge, Konstantins westliche Besitztümer seien der Kirche vermacht worden, die weltliche Herrschaft an sich gerissen. In Deutschland beginnt man sich von der römischen Übermacht zu befreien. Hier in Italien herrscht das Chaos – mit den gierigen Wölfen, den Päpstlichen, muß ich, die einst weltbeherrschende Stadt, mich züchtigen lassen."

3. Der Augsburger Reichstag

In Nürnberg erlebte Eoban nun die Vorbereitung des Augsburger Reichstages von 1530 mit. Zu seiner größten Freude reisten seine Wittenberger, ehemals Erfurter Freunde Melanchthon, Jonas und Spalatin über Nürnberg dorthin: Es gab ein Wiedersehen nach vier Jahren.

Auch Eoban wurde im Laufe des Sommers nach Augsburg gebeten. Schon vorher war der Kaiser Karl mit seinem Bruder Ferdinand feierlich in die Stadt eingezogen. Der 22jährige Georg Sabinus aus Brandenburg, der als Student im Hause Melanchthons zu Wittenberg lebte und später dessen Schwiegersohn wurde, hat in einer Elegie diesen feierlichen Akt besungen; unter Kanonenschüssen und dem Läuten aller Glocken ritt Karl auf einem Schimmel ein und wurde vom Erzbischof von Mainz, Albrecht, in Empfang genommen.

Von solchen farbigen Bildern inspiriert, konnte Eoban nicht stumm bleiben: Er brachte zwei Gedichte mit nach Augsburg. Zum einen begrüßte er im Namen der Stadt Nürnberg den Kaiser, zum andern forderte er ihn in eigner Person auf, end-

lich den Greueltaten der Türken mit einem raschen Entscheidungsschlag ein Ende zu setzen.
Freilich gelangen seine Dichtungen nicht zu den Ohren des Kaisers. Er schreibt etwas enttäuscht an seinen Freund Cordus, er habe seine Stimme doch laut genug erhoben und dabei ganz nahe bei Karl gestanden! Ob diese Aussage wörtlich zu nehmen ist oder symbolisch gemeint war, ist unter Eoban-Kennern strittig. Jedenfalls wurden beide Erzeugnisse nach Eobans Heimkehr zu Nürnberg gedruckt.
Unerwartet aber erwuchs für Eoban in Augsburg eine seines Talentes würdige Ehrenpflicht: Der kaiserliche Minister Cattinaria war auf seiner Reise zum Reichstag ganz plötzlich in Innsbruck verstorben – ein harter Schlag für die Sache der Lutherischen, da sie mit Cattinaria einen verständnisvollen Beschützer verloren! Eoban hatte den Verstorbenen persönlich nicht gekannt. Daß er ihm ein Trauergedicht schrieb, veranlaßte sein alter Dichterfreund aus Riesenburg, Dantiscus. Unter den 11 Epicedien, die wir insgesamt aus Eobans Feder haben, ist dieses eine nicht in Distichen angefertigt, sondern im Wechsel von Hexametern und jambischen Trimetern „Scribere me Dantisce iubes Epicedia magni Quae Mercurini funus orneut laudibus …“
(Du, Dantisicus, hießest mich ein Trauerlied dichten, um die Leichenfeier des großen Mércurino mit Lob zu zieren …)
Er tat es nicht des Inhaltes wegen, sondern weil der italienische Name, den er „Mércuríno Prínceps Cháttináriá“ schrieb, weder im Hexameter noch im Pentameter hätte eingefügt werden können. Ein Beispiel für Eobans Gewissenhaftigkeit beim Wägen der Silben!
Bald zeigte sich, welch großer Verlust dieser Tod für die Lutherische Sache bedeutete: Es kam keine friedliche Lösung des Konfliktes zustande; die Confessio Augustana wurde vom Kaiser abgelehnt und von katholischer Seite widerlegt. Johann Eck erstellte diese „Confutatio“. Während für die Evangelischen, die sich nicht für überwunden hielten, Melanchthon sei-

ne „Apologia“ verfaßte, träumte Eoban noch immer den verwegenen Wunschtraum von 1521 weiter, als er zu Erfurt den durchreisenden Luther dichterisch begrüßt hatte; er glaubt, der Kaiser werde zur Reformationspartei überwechseln und sodann eine deutsche Nationalkirche gründen, frei vom Diktat des Papstes:

„Du wirst Christi göttliches Wort aufrichten und
schützen, daß er zum Volk überall wieder zu sprechen beginnt ...
Dann wird dir nicht mehr dein Recht geraubt vom römischen Herrscher!
Dann verschlingen nicht mehr Hirten das ängstliche Schaf ...“

Es war das letztemal, daß Eoban sich zu politischen und religiösen Fragen der Gegenwart so unmittelbar und hoffnungsvoll äußerte. Resigniert durch die indifferente Haltung des Kaisers, aber trotzdem nicht willens, wegen persönlicher Vorteile seinen reformatorischen Standpunkt aufzugeben, wandte er von jetzt an seine Aufmerksamkeit fast ausschließlich der Literatur und dem geselligen Leben zu.

4. Theokrit, Homer, Psalmen

Wie schon in Erfurt, so verfolgten ihn auch in Nürnberg bald wieder Schuldenlasten und drängende Gläubiger. Schon das Reisegeld für Augsburg hatte er kaum zusammengebracht. Nürnberg war „ein teurer Boden“; Eoban war ein schlechter Haushalter.

Die Zerrüttung seiner Finanzen wurde stadtbekannt und schädigte auch seinen Ruf als Lehrer und Gelehrter. Mehrfach rief er den Stadtrat um Hilfe und Rettung an. Daß der berühmte Humanist und Patrizier Pirkheimer ihn fortgesetzt mit stiller Verachtung auf Distanz hielt, machte Eobans Stolz – war er doch der Dichterkönig! – schwer zu schaffen. Bei Pirkheimer kam zum Mißmut über Eobans schlechte Lebensführung noch der Groll, den die Nürnberger Humanisten gegen die aufkeimende Saat Luthers hegten; man gab ja der Reformation die Schuld am Verfall der Studien und auch am schlechten Fortgang der neugegründeten Schule. Außerdem waren Pirkheimer kritische Äußerungen Eobans zugetragen worden: daß er in Sachen der Religion keine klare Haltung einnehme. Erst zwei Monate vor Pirkheimers Tod – er starb sechzigjährig am 22. Dezember 1530 – kam auf brieflichem Wege eine höfliche Auseinandersetzung und Beilegung der Differenzen zustande.

Während seiner sieben Nürnberger Jahre war Eobans Dichtertalent von außerordentlicher Fruchtbarkeit. Nach dreijähriger Arbeit von 1527 bis 1530 konnte er seine Theokrit-Übersetzung in Druck geben: Sie enthielt sämtliche sechsundreißig Idyllen des griechischen Dichters, in lateinische Hexameter übertragen, wodurch den üblicherweise nur in Latein Gebildeten eine selbständige Theokrit-Lektüre möglich wurde. Nicht allein die deutschen, auch die italienischen Humanisten, welche sonst deutschen Leistungen wenig Beachtung schenkten, sprachen mit Bewunderung von dieser Übertragung durch Eoban. Eine ganze Reihe von Ausgaben folgte auf die erste: ein auffälliges Zeichen für die Bereitschaft der Zeitgenossen, Theokrit zu lesen – in einer durch religiöse Kämpfe geprägten Epoche! Zog sich hier eine gebildete Leserschaft, müde aller gegenwärtigen Turbulenzen, in die idyllische Hirtenwelt eines verklärten Zeitalters zurück?

Inzwischen hatte Eoban bereits eine größere Aufgabe begonnen: die Ilias des Homer. Von ihren vierundzwanzig Gesängen konnte er in einem Jahr die ersten fünf fertigstellen; seine Absicht war es, das ganze Werk ins Lateinische zu übertragen.

Weil sich aber andre Arbeiten vordrängten, ließ Eoban vorweg eine Auswahl von Einzelstellen (1533) erscheinen; er nannte sie „Homericae aliquot icones insigniores, Latinis versibus redditae“. Hiermit war er kein Neuerer; wenn an deutschen Universitäten Homer vorgestellt wurde, so übertrug der

Dozent seine Auswahl gerne selbst in lateinische Hexameter. So tat Melanchthon, so tat auch Camerarius.
In diesen Jahren der Hinwendung zum Bibelwort wurde aber auch die Lektüre der Psalmen ein allgemeines Bedürfnis, besonders bei den Lutherverehrern. Luther selbst hatte durch seine Psalmenvorlesung 1513/1514 die Aufmerksamkeit auf diese Poesie des Alten Testaments gelenkt. Seine Interpretation machte die Anliegen des Psalmisten mit den Anliegen der eigenen Zeit identisch. Schon 1527 hatte Eoban vier Psalmen ins Lateinische übertragen und damit dem Drängen der Wittenberger nach solchen Übersetzungen ein erstes Genüge getan. Es war eine kluge Geste Luthers, den Humanisten derart zum Mitarbeiter zu machen und ihn dadurch ins Lager der Reformatoren herüberzuziehen. 1529 sandte er seinen Lieblingspsalm, Nr. 118, an Eoban; er nannte ihn „Das schöne Confitemini“ und schickte seine Erklärung des Psalmes gleich mit:

1 „Danket dem Herrn; denn er ist freundlich,
und seine Güte währet ewiglich ...
5 In der Angst rief ich den Herrn an,
und der Herr erhörte mich in weitem Raum.
6 Der Herr ist mit mir, darum fürchte ich mich nicht;
was können mir Menschen tun? ...
9 Es ist gut, auf den Herrn vertrauen
und nicht sich verlassen auf Menschen ...
17 Ich werde nicht sterben, sondern leben
und des Herrn Werke verkündigen ...

Eoban arbeitete rasch und vereinigte den Psalm und Luthers Erklärung zu einem Gedicht von 110 Distichen. Hinzu fügte er noch sechzehn weitere Psalmen. Der hebräischen Poesie mit ihrem „Parallelismus membrorum“ konnte das lateinische Distichon zwar rein äußerlich entsprechen; trotzdem ging mit der Psalmenübertragung eine Verfremdung vonstatten, anders als bei Theokrit und Homer. Die schlichte, knappe Aussage des Hebräischen wird breit ausladend; hebräische Ausdrücke bedürfen außerdem im Lateinischen der Umschreibung und verlängern das Original um ein Drittel. Von einer echten Übersetzung, so urteilt Carl Krause, kann bei den Psalmen Eobans nicht die Rede sein. Hatte er doch keine Hebräisch-Kenntnisse; so mußte er eine deutsche Prosa-Übersetzung zu Grunde legen. Solche Art Arbeiten entsprachen dem Ideal der Lateinschulen und waren schon zu Eobans Schülerzeit im Schwange gewesen, um Gewandtheit im Stil zu erreichen. Auf die Bitte des Dantiscus hin, den er 1532 beim Reichstag zu Regensburg traf, übersetzte Eoban in gleicher Weise wie seine Psalmen das ganze Buch „Prediger Salomo" in mehr als 1000 lateinische Verse. Er gab es als „Salomonis Ecclesiastes Carmine redditus" heraus. Neben diesen Übersetzungen wandte Eoban seinen eignen Werken erneute Aufmerksamkeit zu, indem er sie nacheinander, verbessert, gekürzt oder vermehrt, zum zweitenmal herausgab, das Bucolicon 1528, sämtliche Epicedien 1531, 1532 die Heroiden. Bei den Heroiden erforderten die Zeitläufe dringend eine Umarbeitung, denn Briefe von frommen Frauen aus der Heiligenlegende konnten nach Luthers Reformat die erweckten christlichen Leser nicht mehr fesseln; sie wurden also von Eoban zum Teil herausgenommen. Jedoch schien der viel später (1523) entstandene „Brief der geschlagenen Kirche an Luther" es wert, in der neuen Ausgabe die Reihe der christlichen Heroiden würdig zu beschließen.

Auch seine Gelegenheitsgedichte, wie einst in Erfurt, so jetzt in Nürnberg an die unendliche Zahl von Freunden und Bekannten gerichtet, begann Eoban nun zu sammeln. Flüchtig, ohne ordnende Gesichtspunkte wurden sie unter dem Titel „Sylvae" (also „Wälder" buntgemischten Inhaltes) dem Publikum in sechs Büchern übergeben.

Wie bei allen Druckerzeugnissen war hierbei an Honorare nicht zu denken; auch deshalb schritt die Verschuldung seines Hauswesens ungehindert voran.

5. Das verherrlichte Nürnberg

Im Frühjahr 1531 verfügte der Stadtrat eine Hilfe von 50 Gulden leihweise an den Professor, da dessen finanzielle Zerrüttung zu einem öffentlichen Schandfleck wurde. Doch hiermit war kaum die ärgste Bedrängnis zu beseitigen. Jetzt nötigte seine Armut den Poeten zu einem breit angelegten Lobgedicht auf die Stadt. Solche Machwerke wurden oft mit klingender Münze belohnt. Im Falle Nürnbergs hatte zwar schon Conrad Celtis um 1500, als er hier zum Dichter gekrönt wurde, in Prosa sein Lob abgestattet; und erst ein Jahr vor Eobans Beginnen war Nürnberg durch Hans Sachs in deutschen Reimen besungen worden: „Ein Lobspruch der statt Nürnberg"

Vor kurtzen tagen ich spatzieret
Vor grünem holtz ich umb rifieret
Zu schauen an des Mayen wunn.
Mit heißen glantzen schien die sunn...

Eoban hielt sich an die ihm gemäßen lateinischen Hexameter; er brachte es bei der „Urbs Noriberga illustrata carmine heroico" 1532 auf 1300 Zeilen. Wie in einem Bilderbuch stellt sich eine Fülle des Sehens- und Bemerkenswerten vor den Leser oder Hörer des Gedichtes: Landschaften, Bauten, Kunstwerke, Fabriken, Wasserräder an der Pegnitz, welche die Arbeit von Tausenden von Männern ersetzen. Ausnehmend gefiel in dieser Dichtung die Schilderung einer Quelle im Walde nahe der Stadt: Es ist sein liebstes Wanderziel; bei ihrer Beschreibung kann er seiner Freude an Gewässern, Nymphen, Liebesgöttern und Musen nach Humanistenart Ausdruck verleihen:

> „Auch liegt hier in dem Walde anmutig beschattet ein kühles Plätzchen: aus naher Schlucht, hervor aus schwärzlichen Tannen Sendet ein rieselnder Quell sein kaltes Wasser, umschlossen Rings von behauenem Stein, seit lange ein herrliches Labsal Dürstenden ..."

Für diese schöne lebensvolle Dichtung sollte ihm die ersehnte Anerkennung zuteil werden. Der Magistrat verfügte ein Geschenk von 40 Gulden und erließ ihm zusätzlich die noch nicht getilgten Schulden aus der geliehenen Summe, so daß Eobans Unterhalt vorerst gesichert war. Da aber der augenfällige Niedergang der mit so großen Erwartungen gegründeten Ägidienschule den Abgang einiger Professoren wünschenswert machte, da Eobans Hauswesen wegen des Ausbleibens von Pensionären weiter verarmte, während von seinen sechs Kindern die beiden Ältesten inzwischen selbst gute Schulen besuchen sollten, so war es wie eine Erlösung, als die Stadt Erfurt in diesen bedrückenden Zustand hinein von neuem nach Eoban verlangte. Sie wollte mit seinem berühmten Namen ihrer Universität, die jetzt auf vierzehn Immatrikulierte herabgesunken war, zu neuem Aufschwung zu verhelfen.
Zwar zogen sich die Verhandlungen mit Eoban durch mehrere Jahre (1529–1532). Er stellte hohe Forderungen, weil er sich als „wertvoll" einschätzte. Bis er seine Nürnberger Gläubiger einigermaßen befriedigt hatte, wurde es April 1533.

Endlich, zu Anfang des Mai, langte er mit seiner Familie in Erfurt an. Er war im Januar, vier Monate zuvor, fünfundvierzig Jahre alt geworden.

1533–1536

Dritter Aufenthalt in Erfurt

1. Weiterer Verfall der Universität

Daß die Berühmtheit Eobans der Erfurter Universität aufhelfen könne, erwies sich bald als Täuschung. Neben dem von allen Seiten angestrebten Wittenberg entstand jetzt durch die Neugründung in Marburg eine weitere unbesiegbare Konkurrenz.

Hinzu kam, daß die Erfurter Hohe Schule nach den Turbulenzen der konfessionellen Spaltung nun durch konservative katholische Gelehrte geleitet wurde, während die Bürgerschaft sich fast einmütig dem neuen Glauben verschrieben hatte. Auch die umliegenden Länder, Kursachsen, Hessen, später Sachsen und Brandenburg, führten den lutherischen Glauben ein. „Die Bischofsstadt Erfurt lag wie eine Insel in lutherischen Landen. Damit war der katholisierenden Hochschule in der alten Metropole Thüringens das Todesurteil gesprochen."

Eobans Unterbringung an der Stadtmauer war ärmlich. Seine Schaffenskraft begann bald zu erlahmen. Von den alten Freunden traf er nur wenige an, denn Peter Eberbach, sein früherer „Herzog", war vor Eobans Rückkehr gestorben; Cordus lebte bereits als Arzt und Gymnasiallehrer in Bremen, wo er 1535 mit knapp fünfzig Jahren verstarb. Mit dem alten Freund Johann Lange hatte Eoban Differenzen hinsichtlich der lutherischen Reformen. So blieb der Arzt Georg Sturz sein Trost – ein allezeit freundlicher Helfer, Gastgeber und Gesprächspartner, den er fast täglich aufsuchte.

Zu seinem Unheil wirkten sich jedoch die in Erfurt noch immer üblichen exzessiven Promotions- und Festschmäuse aus; sie ließen ihn weit häufiger, als es vorher im nüchternen

Nürnberg der Kaufmannschaft möglich gewesen war, tüchtig bezecht nach Hause kommen. Seine Briefe an Carmerar verraten es bald, daß er seinen Aufbruch aus dem schönen Nürnberg nachträglich als Eselei empfand und bitter bereute.
Wenn auch durch Eobans Zuzug die Zahl der Studenten zunächst auf fast das Doppelte anstieg (1532: 42, 1533: 75), so sank sie schon im nächsten Jahr wieder ab.

2. Papisten als Freunde

Was seinen Biographen überdies zu schaffen macht und nur zögerlich dargestellt wird, ist die Leichtigkeit, mit der Eoban, der sich 1521 fast hymnisch begeistert an Luther angeschlossen hatte, jetzt einen herzlichen Verkehr mit den „Papisten", den katholischen Kollegen an der Erfurter Universität, aufnahm. Hierdurch geriet er in zunehmende Distanz zu den Lutherischen, seinen ehemaligen Gesinnungsfreunden; besonders der Prediger Johann Lange, welcher, von Luthers Argumenten überzeugt, aus dem Augustinerkloster ausgebrochen war und jetzt von der Kanzel gegen die verruchte mönchische Lebensweise wetterte, zeigte sich von Eobans Gesinnungslosigkeit angewidert, einst waren beide im Ordo Mutians als Freunde verbunden gewesen.
Ulrich von Hutten, der Freund aus den goldenen Jugendtagen um 1505, war bereits 1523 auf der Ufenau gestorben. Sicher hätte er die gegenwärtige Haltung Eobans mit Schmerz und Verbitterung wahrgenommen: Hier ging ein Talent – statt nach Ehren – nach Brot und sang das Lied des feindlichen Lagers. Jedoch Eoban war keine Kämpfernatur. Er konnte allenfalls für den Fortgang der Wissenschaft eintreten. Seine Anpassungsfähigkeit und seine Wohlmeinenheit gegen jedermann ließen ihn jeder Konfrontation mit den altgläubigen Kollegen – etwa Gröningen, Dekan 1533 und Rektor 1535 – aus dem Wege gehen.

Freundschaft verband ihn auch mit dem greisen Prior des Erfurter Karthäuserklosters, Jodocus Hessus. Dieser war kurz nach Eobans Zuzug, von Schwaben her, 1534 nach Erfurt gekommen und lebte wenige Jahre nach Pfaffensturm und Bauernkrieg in dem wohlhabenden Kloster bereits wieder sehr bequem. Als unausweichliche Folge der üppigen Lebensart hatte ihn die Gicht befallen, die damals unter der griechischen Bezeichnung „Podagra" (Fußschmerz) unter Klerikern weitverbreitet und gefürchtet war. Der Prior hatte als Schöngeist mit literarischen Ambitionen ein deutsches „Lob des Podagra" verfaßt. Er folgte damit dem großartigen, geistreichen „Lob der Torheit" des Erasmus und außerdem einem lateinischen „Lob des Podagra", welches einige Jahre früher Nürnbergs Patrizier Pirkheimer humorvoll verfaßt hatte.
Auf Wunsch des Priors wurde dieses deutsche Gedicht von Eoban in eine lateinische Elegie verwandelt, die 1537 in Mainz als „Spiel vom Podagra"gedruckt erschien. Das Spiel entfaltet sich als Gerichtsverhandlung: Die Göttin Podagra verteidigt sich vor ihrem Richter gegen die Vorwürfe von seiten Betroffener: Den Bauern, welcher mäßig lebt und körperlich hart arbeiten muß, belästige sie nie – den Schlemmern aber geschehe es ganz recht, wenn sie ihre Pein ertragen müssen; und wenn die Gichtigen zuhause still sitzen, haben sie Muße, an ihre Studien, an das Jenseits, an die Unsterblichkeit zu denken!
Es ist fast die einzige Arbeit Eobans, die ihn mit dem „volkstümlichen Deutsch" in Berührung brachte. Die in diesem „Latinum Carmen" entfaltete Einsicht, daß asketische Lebensweise vor der Gicht schützt, dürfte kaum auf Eobans medizinische Kenntnisse zurückzuführen sein. Man wußte theoretisch sehr wohl das Podagra zu vermeiden; jedoch gehörte Schlemmen bei Gelehrten, Klerikern und Fürsten so unabdingbar zum Lebensstil, daß man heftige Schmerzen und

Anno ætatis XLV.

Der Humanist und Dichter
Helius Eobanus Hessus,
auch der „deutsche Ovid“ genannt;
Aus: Carl Krause: Helius Eobanus Hessus,
1879

frühen Tod resignierend hinnahm, den grimmigen Tod poesievoll beklagend.

Im Vergleich mit den sieben Jahren zu Nürnberg blieben die drei Erfurter Jahre Eobans dichterisch unfruchtbar. Zwar widmete er sich einer Übersetzungsarbeit, die inhaltlich seinen Homerstudien entsprach: Er übersetzte eine Dichtung vom „Raub der Helena" aus dem Griechischen. Er hatte den griechischen Text, durch Aldus in Venedig gedruckt, vorgefunden; der Verfasser war ein ägyptischer Nachahmer Homers aus dem sechsten Jahrhundert nach Christus; er nannte sich Koluthus. Koluthus ist heute selbst unter Graezisten unbekannt; seine Arbeit war vom hohen Niveau Homers weit entfernt; und so fand die lateinische Bearbeitung Eobans nach ihrem Erscheinen wenig Sympathie. Besonders auffällig hielt sich der Freund Camerarius, der sonstige Berater in allen literarischen Fragen, hier mit einem Urteil zurück. Immerhin erlebte der Raub der Helena eine zweite Auflage.

4. Verbindung zum hessischen Landgrafen

In den Mai des Jahres 1534 fiel ein politisches Ereignis, das ganz unerwartet den Poeten Eoban dem Ziel seiner Wünsche nahebrachte, nämlich zurück in sein Heimatland Hessen und an die Universität in Marburg zu kommen.

In Württemberg war Herzog Ulrich (1487–1550) im Jahre 1519 durch den Schwäbischen Bund verjagt und verbannt worden, nicht nur wegen des Mordes an seinem Stallmeister Hans von Hutten 1515 (einem Vetter Ulrichs von Hutten), sondern wegen fortgesetzter roher Willkürherrschaft, Folterung und Bedrohung seiner Untertanen. Danach war das Land Kaiser Karl dargeboten und schließlich als Lehen an dessen Bruder Ferdinand gegeben worden.

Nun hatte Herzog Ulrich als Verbannter am Hofe Philipps von Hessen Schutz gesucht und sich dort auch mit den Gedanken Luthers vertraut gemacht; gleichzeitig begann er, sein am schwäbischen Volk verübtes Unrecht zu bereuen. Auch lernte er Luther persönlich kennen, als dieser 1529 in Marburg zum Religionsgespräch mit Zwingli und Ökolampad zusammentraf. Ulrichs weitläufiger Vetter, Philipp von Hessen, faßte den verwegenen Plan, die Abwesenheit der kaiserlichen Brüder – sie weilten in Spanien und Ungarn – zu nutzen und für Ulrich dessen angestammtes Land zurückzuerobern. Mit dem glänzenden Sieg bei Lauffen am 13. Mai 1534 wurde die Heldentat fast ohne Verluste Wirklichkeit; und schon im Juni war Ulrich wieder Herr seines Landes, welches er alsbald der Reformation öffnete und fortan mit Milde regierte.

Ulrich von Hutten hätte sich 1515, als er mit seinen drohenden Reden und Dialogen den Herzog als Mörder und Tyrann verfolgte, kaum vorstellen können, daß das protestantische Deutschland demselben Mann knapp zwanzig Jahre später als dem Schützling des lutherisch gesinnten Philipp zujauchzen würde. Noch viel weniger hätte er seinen einstigen Gesinnungsgenossen Eoban begriffen, als sich dieser nun durch Melanchthon zu einer poetischen Verherrlichung des glücklich beendeten Feldzuges ermunten ließ! Aber hier fand Eoban einen Stoff nach seinem Herzen, bunt, heldenhaft – und lutherisch. Hier ließ sich dem Angenehmen auch das Nützliche zuordnen: Er konnte seine Ergebenheit und Begeisterung für das hessische Landgrafenhaus bezeugen, auf huldvolle Würdigung seiner Heimatliebe hoffend.

Nachdem sein Angebot, diesen Triumph mit seiner Poesie unsterblich zu machen, durch Übersendung von Materialien aus dem Kanzleramt in Kassel dankbar akzeptiert war, brachte Eoban in zwei Monaten ein „heroisches Gedicht" zustande: „De victoria Wirtembergensi: ad Illustrem et Inclytum Heroa Philippum Hessorum omnium … gratulatoria Acclamatio …" Obwohl die gelehrte Welt diesen „Glückwunsch und Beifall" „an den erleuchteten und berühmten Helden Philipp" mit größter Begeisterung aufnahm (1500 Exemplare waren nach einem Vierteljahr vergriffen) und darin am Ende auch die Sehnsucht des Hessus nach seinem heimatlichen Hessen ausgedrückt finden mußte:

„O ihr kühlen Quellen, ihr lachenden Flüsse
der Heimat,
O ihr Täler, ihr Grotten, ihr, meinen Musen so
lieblich!
Ach, wann werd' ich euch wiedersehen
und wie in den Tagen meiner Jugend in eurem
Schatten sitzen und dichten …?“

so ließ man sich in Kassel mit seiner Berufung doch Zeit bis 1536. Inzwischen hatte der Freund Camerarius von Nürnberg aus bereits einen ehrenvollen Ruf nach Tübingen annehmen können. In der landgräflichen Kanzlei zu Kassel kannte man Eobans Trunksucht und schlechte Haushalterschaft – man bedachte seine Anstellung deshalb gründlich.

Endlich, zur Jahresmitte 1536, waren die Verhandlungen so weit zum Abschluß gebracht, daß Eoban nach Marburg aufbrechen konnte. Damit verließ er nun Erfurt für immer, die Stadt, in der er zwanzig Jahre seines Lebens hingebracht hatte. Er war jetzt achtundvierzig Jahre alt und „dem sinkenden Gestirn gesellt“, wie er in seiner Begrüßungs-Elegie aussprach:

Endlich komm' ich ans breite Flußbett der Lahn
meines Hessen,
davon die Fluren nicht fern meines Heimat-
dorfs sind.
Die ich als Knabe in blühenden Jahren zurückließ,
seh ich nun, fast ein Greis, wieder, bei sinken-
dem Stern.

1536 – 1540

Professur in Marburg

1. Lehrstuhl für Geschichte, Psalmen

Am 1. September 1536 zog Eoban mit Frau, Kindern, Dienstboten und Hausgerät in Marburg ein. Es war der letzte Transport seiner Habe. Noch vier Jahre waren ihm beschieden, nächst den Jugendjahren wohl die sorglosesten in seiner allezeit von Geldnöten bedrängten Existenz.

Sein letztes größeres Originalgedicht hatte er mit der „gratulatoria Acclamatio", dem Glückwunsch an den siegreichen Philipp, bereits geschrieben.

Bei der Gründung der Universität am 30. Mai 1527 hatte der reformatorische Gedanke den Landgrafen geleitet: Frei von scholastischer Dialektik und den päpstlich-römischen Zwängen sollten hier vor allem die sprachlichen Grundlagen für ein Bibelstudium an den Quellen des hebräischen Alten, des griechischen Neuen Testamentes gelegt werden. Die „Humaniora" wurden als wertvoll angesehen, aber auf ihre dienende Funktion am Theologiestudium zurückgestuft.

Diesem Zweck diente die Berufung der tüchtigsten Gelehrten und Poeten. So ist es verständlich, daß Eoban hier gleich vier dem Mutian'schen Humanistenbund entstammende Genossen wiederfand: Crafft und Drach (Crato und Draco), Nigidius und Niger. Den Herzensfreund Camerarius allerdings, der nun in Tübingen lehrte, sollte er nicht mehr wiedersehen.

Wie ein zweiter Odysseus sei er heimgekehrt, so ließ er öffentlich, in einer Elegie, anschlagen, um hier in der Heimat der Wissenschaft aufs treueste zu dienen.

Ein schöne Wohnung war ihm zugewiesen; und außer über den hohen Weinpreis gab es nichts zu klagen.

Übrigens hatte er in Marburg den Lehrstuhl für Geschichte inne; es wurde vor allem eine Darbietung antiker Geschichtsschreibung von ihm erwartet. Sein stärkster Arbeitseinsatz galt aber in den ersten Marburger Tagen der Fertigstellung des gesamten Psalters in lateinischen Distichen. Drei Jahre hatte er ihn bearbeitet. Jetzt konnte er ihn bei Cervicornus aus Köln (Hirschhorn), einem Marburger Drucker, abliefern und das Werk, welches bald als sein berühmtestes galt, mit einer Widmung an seinen Landgrafen Philipp bekrönen.
Kaum war der Psalter erschienen, so wurde bereits eine zweite, schöner ausgestattete Ausgabe vorbereitet, welcher mit wechselnden Beigaben, meist mit der Übersetzung des Prediger Salomonis (Ecclesiastes) bis zum Ende des Jahrhunderts noch etwa fünfzig (!) weitere folgten. Noch heute sind Psalterbücher Eobans antiquarisch im Handel, während die „Farragines“ Raritäten geworden sind. Ein Silberpokal, vergoldet, im Werte von 40 Gulden, war der Dank des Landgrafen für das ihm gewidmete Werk.

2. Tod des Erasmus

Noch vor der Abreise Eobans aus Erfurt war die Kunde vom Tode des Erasmus durch ganz Europa und auch zu ihm gedrungen. Fast 70 Jahre alt, war er, eigentlich „auf der Durchreise“ nach Löwen, am 12. Juli 1536 in Basel gestorben. Er hatte seinen großen Ruhm noch schwinden sehen. Die Art, wie er sich „einem Aal gleich“ zwischen den Glaubensparteien in den Turbulenzen der Reformation durchzuwinden suchte, ohne sich zu einer Seite zu bekennen, hatte seinem Ansehen bei vielen Humanisten schwer geschadet. Hutten hatte mit seiner ”Herausforderung an Erasmus“ schon 1523 niedergeschrieben, was andere im Stillen empfanden.
Auch Eobans Verhältnis zum „göttlichen Erasmus“ hatte zeitweilig seine Trübungen erfahren. Als es in Nürnberg mit dem

Gymnasium abwärts ging, hatte Pirkheimer dieses nicht ohne Befriedigung an Erasmus berichtet. Hieraus mochte Erasmus gerne folgern, daß durch das neue Evangelium die Wissenschaften zum Erliegen kämen; und er äußerte brieflich gegenüber seinen Freunden, in Nürnberg gäbe es fast keine Hörer mehr – die Professoren seien ebenso faul zum Lehren wie die Schüler zum Lernen.

Dieser Satz brachte Eoban besonders in Zorn; leider ist uns der entrüstete Brief, den er im Januar 1531 an Erasmus schrieb, nicht erhalten. Aus der beschwichtigenden Antwort können wir ihn ungefähr rekonstruieren: Von Faulheit der Nürnberger Professoren könne angesichts der vielseitigen Produktionen Camerars und Eobans nicht die Rede sein! Obwohl nun Erasmus in jedem Punkt Eobans Vorwürfe glättet und ihm Genüge tut, so versucht jener in einem weiteren Brief die eingetretenen Differenzen zu diskutieren: Nicht die Faulheit der Nürnberger Lehrer, sondern ihre Hinwendung zu Luthers Sache sei für Erasmus der Anlaß zu seinem Angriff gewesen! Was Erasmus wiederum bestritt. Rein äußerlich hatte sich die alte Freundschaft durch solche Korrespondenzen einigermaßen wieder hergestellt; aber die innerliche Zuneigung war für den Rest ihrer Tage verspielt.

Nun, da „die Larve, der Gott von Stein, der alte Hund“ tot war, sollte Eoban auf Camerars Wunsch die Mißlichkeiten hintenanstellen und dem Verstorbenen das übliche „Trauergeleite“, ein Epicedion, verfassen. Eigentlich empfand Eoban keine Trauer. Er hatte im Laufe der Jahre für Freunde wie für hochgestellte Gönner, für Kollegen und Kritiker, sogar für Unbekannte auf Bestellung 10 Trauergedichte geschrieben, unter diesen waren Hutten, Dürer, Pirkheimer, Mutian, Reuchlin, Friedrich der Weise und Gattinaria. Die Form war vorgegeben: Der „Stilus grande“ wurde nach den Forderungen der Rhetorik erwartet. Nur bei Huttens Epicedion hat Eoban die übliche Norm durchbrochen: mit einem zu Herzen gehenden, in Distichen verfaßten Dialog zwischen Hutten und dem

Tod. War doch die Kunst des Dialogs bei Hutten zur Meisterschaft entwickelt gewesen und hatte Hutten in seinem kurzen Leben doch jedem andrängenden Feind Trotz geboten!
Im Epicedion meint der Tod, Hutten endgültig vernichtet zu haben. Aber Hutten widerspricht und setzt dagegen, daß er auf ewig fortdauern werde – durch seine Schriften und Taten!
Verglichen mit dieser kühnen Gestaltung wirkt das Epicedion für Erasmus – das elfte und letzte Eobans – kühl; zwar dem großen Toten angemessen, aber mehr durch übernommene antike Vorstellungen als durch persönliche Empfindung. Die Tage, da er als jugendlicher Schwärmer von Erfurt bis Löwen reiste, um für eine einzige Stunde vor dem „Gott Erasmus“ zu stehen, hatten vor den Umschwüngen gelegen, die ein Anderer, Luther, über Europa brachte.

3. Calumnia – die Verleumdung

Die schöngeistige Pflege der antiken Literatur durch die Poeten war in den stürmischen zwanzig Jahren seit Luthers Thesenanschlag handfesten Gefechten einer ums Überleben kämpfenden Theologengeneration gewichen. Dieser mußte nun auch Eoban anteilnehmend seine Hilfe gewähren, nachdem er seine liberale Gesinnung bisher freundschaftlich beiden Konfessionen zugewendet hatte. 1538 schrieb er auf ausdrückliche Bitte von Melanchthon seine ”Elegie über die Verleumdung“ (Calumnia); und sie kam ihm von Herzen. Mußte doch Melanchthon, weil er um Versöhnung und Ausgleich zwischen den Altgläubigen und Lutherischen bemüht war und schon 1530 beim Augsburger Reichstag Zugeständnisse an die Katholiken gemacht hatte, seitdem gegen den Verdacht ankämpfen, er sei selber bereits mehr ein Katholik als ein Lutheraner!
Obwohl für Eoban ein solch abschreckender Stoff ungewohnt war, löste er die Aufgabe elegant in humanistischer Manier: Er führte dem Leser den Zug der Laster vor, wie er einst nach der

Legende dem König Alexander abschreckend vor die Augen gestellt worden war, als er über einen unschuldig Beklagten Recht sprechen sollte: Als düstere Frauen gestaltet, wandeln „Unwissenheit“ und „Verdächtigung“ voraus, ihnen folgen „Verleumdung, Neid, List und Rache“, welche den verdächtigten Menschen zu Fall zu bringen trachten. Einsam geht die „Reue“ in gewissem Abstand hintennach. So war es damals, dichtet Eoban, aber bis heute hat sich hierin nichts geändert! Auf der ganzen Welt treibt noch immer die Verleumdung ihr Unwesen. Gerne verhüllt sie sich – mit der Religion! Auch der Papst, ja gerade er mit seinen unheilvollen Bullen, zeigt sich von der Verleumdung beherrscht. Auf seiten der unschuldigen Opfer leidet besonders der fromme Luther selber, aber mit ihm leiden viele seiner Getreuen (hier ist besonders an Melanchthon gedacht!). Nur mit Geduld und Vertrauen auf Gottes Gerechtigkeit werden sie diesem Übel widerstehen.

4. Schmalkalden

Den drei gesellschaftlich unergiebigen Erfurter Jahren war nun in Marburg eine menschlich reichere Epoche gefolgt; aus Briefen und Freundschaftsgedichten läßt sich erkennen, daß die letzten Lebensjahre dem Dichter reichlich Geselligkeit vergönnten, wie sie zur Daseinserfüllung sein dringendstes Bedürfnis war. Noch war er „König“; seine Einladungen in die „Königsburg“ zum Bad und zum Frühstück unterscheiden sich kaum von denen aus Erfurts goldenen Jahren: Wein, Literatur, Scherze, Rätsel, Rundgesänge und Spiele – Schach vor allem – kündigt er den Freunden an. Auch zum Hof in Kassel bestand eine herzliche Verbindung. Eobans alter Genosse Meckbach war vom Professor in Marburg zum Leibarzt des Landgrafen aufgestiegen; nun konnte er als Ansprechpartner dienen, wenn Wünsche aufkamen, besonders wenn Geldnöte den Dichter bedrängten, was auch in Marburg eintrat.

Als sich im Februar 1537 in Schmalkalden Fürsten, Geistliche und ihre Berater zu einem Bund gegen die wieder erstarkende Macht des Katholizismus zusammenschlossen, wurde Eoban zur Teilnahme an den Verhandlungen gebeten. Dort traf er mit 8 Fürsten zusammen, traf aber auch Luther und Melanchthon wieder: Eine willkommene Unterbrechung seiner Berufsarbeit! „Durch Gottes Gnade sind wir hier auf dem Schmalkalder Congresse wolauf, trinken wacker und sind weise."
Jedoch bittet Eoban seinen Landesherrn kurz nach Beginn des Kongresses, abreisen zu dürfen; über Salzungen und Ziegenhain kehrt er nach Hause zurück. Seine Gesundheit ist labil geworden, das beste Alter meint er hinter sich zu haben. Mit seinen 49 Jahren besucht er im Herbst desselben Jahres noch St. Goar. Dort ist ihm eine Pfründe zuteil geworden, von der er jährlich zwei Fuder Wein und etwas Bargeld beziehen darf; denn die alten Kirchenbesitzungen sind nun aufgelöst und den Schulmeistern und Professoren zugeeignet worden. Eoban schildert diese September-Reise in einigen Gedichten. Nach altem Humanistenbrauch besucht er bei dieser Gelegenheit links und rechts am Wege „berühmte Gelehrte", die ihm bisher nur mit Namen bekannt gewesen sind.

5. Finanzielle Nöte

Auch auf seiner letzten Lebensstation hatte sich Eoban schon nach Jahresfrist in finanzielle Nöte verstrickt, die sein großer Haushalt mit Familie und Personal nicht bewältigen konnte. In einer Reihe von Bitt- und Bettelbriefen an die Kanzlei des Landgrafen machte der Hausherr den stattgehabten Umzug, die teure Zeit, das knappe Gehalt (140 Gulden und der Ertrag seiner Pfründe!) hierfür verantwortlich.
Der Hof war Eoban grundsätzlich wohlgesonnen; man kannte dort seine Schwächen und schlug sie, in Anerkennung seiner Begabung, gering an. So kamen Unterstützungen aus Kassel,

besonders in dem Halbjahr seiner Rektorenzeit (1. Januar bis 1. Juli 1538), wo man keine entwürdigende Bloßstellung seiner Situation wünschte.
Die Marburger Matrikel bietet zu seinem Rektorat als Eintragung Eobans Wappen, den Schwan auf dem Lorbeerzweig, dazu sein Brustbild, und von seiner Hand in ausladendem Stil die Bemerkung, daß der Kanzler Feige aus Kassel angereist sei und die Hochschule inspiziert habe.
Als sein Rektorenamt hinter ihm lag, war Eoban bereits wieder so weit aller Mittel entblößt, daß er sich bei Herbstbeginn nicht einmal Wachslichter kaufen konnte, weshalb er bei den Juden mit hoher Zinsbelastung zum Schuldner wurde. Seine beiden ältesten Söhne gab er in dieser Bedrängnis zu weiterer Ausbildung nach Erfurt. Von den alten Freunden Mutians trafen sie viele nicht mehr lebend an; die Universität Erfurt habe weder Lehrer noch Schüler, schrieben die Söhne.
In den Maitagen 1539 wurde Eoban zu Kassel eine Audienz beim Landgrafen gewährt. Zwar machte dieser Vorwürfe wegen Eobans übermäßigem Trinken, doch versprach er ihm ein Festgewand als Geschenk und gab ihm einträgliche literarische Themen zur Bearbeitung. Eoban verteidigte sich gegen den Verdacht der Trunksucht: Die inzwischen fertiggestellte gesamte Ilias, ins Lateinische übertragen, beweise es doch, daß er schaffensstark und dichterisch nicht zu überbieten, also kein Trunkenbold sei!
Um Getreidelieferung und Brennholzspenden führte Eoban weiterhin hartnäckige Verhandlungen mit dem Landgrafen – ja, in der Not dieser Tage bot er seine Dienste sogar in Leipzig an, wo jetzt Melanchthon die Universität im Sinne der Reformation umgestaltete.
Aber auch in solchen materiellen Verlegenheiten ließ Eoban seine Dichterberufung nicht aus den Augen. Als fühle er sein Ende kommen, so sammelte er an Gedichten ein, was sich zerstreut unter den Freunden fand, und stellte eine Ausgabe seiner wichtigsten Werke her.

Er nannte sie „Operum Farragines duae“ und ließ sie in Schwäbisch Hall zu Ostern 1539 erscheinen. „Farrago“ bedeutet „Häcksel“ und soll besagen, daß hier „vermischte Gedichte“ vorgelegt sind. In den Farragines brachte er auch weitere drei Bände Sylven unter, Band 7–9; es waren die Freundschaftsgedichte der Marburger Zeit. Und da diese „Duae Farragines“ sich die Publikumsgunst in besonderem Maße eroberten und bald mit dem Namen „Eobanus Hessus“ gleichbedeutend waren, so fielen die Ausgaben einzelner Werke der Vernachlässigung anheim.
Aus den „Farragines“ wurden Auszüge in Anthologien gedruckt; die Epicedien und Heroiden wurden größeren Gedichtsammlungen (von mehreren Autoren) einverleibt. So erschienen 1609 die „Delitiae poetarum Germanorum“ als ein Sammelwerk neulateinischer Dichtkunst, von J. Gruter herausgegeben. Bald aber verschlang der Dreißigjährige Krieg alle schöngeistigen Bestrebungen. Nach dem Frieden von Münster 1648 hatte die deutsche Sprache auch als Sprache der Dichter den Vorrang erlangt; sie ließ lateinische Dichtung in Vergessenheit geraten.

6. Tod Eobans

Im Laufe des Sommers 1540 alterte und kränkelte Eoban sichtlich. Da entschied sich der Landgraf, ihm zu seinem Herzenswunsch zu verhelfen, einem eigenen Haus mit Garten und Wiese. Anfangs hatte er nur an eine Beihilfe zu den Kosten gedacht; als sich aber in Kaldern nahe bei Marburg ein geeignetes Objekt finden ließ, erhielt Eoban es ganz als Geschenk.
Das Glück des Dichterkönigs, nun Hausbesitzer zu werden, vermehrte sich bei der Nachricht, daß seine Ilias-Ausgabe durch ein „Privilegium“ des Landgrafen vor Raubdrucken geschützt werden sollte. „Solche Schutzbriefe gegen das literarische Piratentum waren etwa seit einem Menschenalter in

Deutschland vereinzelt zur Anwendung gekommen; unter den jüngeren Werken war Luthers Bibelübersetzung... mit einem Kurfürstlichen Privileg gedruckt. Im allgemeinen galt der Nachdruck bis dahin für etwas Erlaubtes ..."

Seit dem März 1540, seit seiner letzten Reise nach Kassel, litt Eoban an einem Katarrh, fuhr aber dennoch im April nach Frankfurt/Main, um den dort anwesenden Baseler Druckern das Widmungsgedicht zur Ilias persönlich zu überreichen. Der erwartete Schutzbrief war zu diesem Zeitpunkt noch nicht in seiner Hand, was den Druckbeginn bis Juli verzögerte. So kam dies letzte große Übersetzerwerk erst im Herbst aus der Basler Presse.

Bei seiner Rückkehr von Frankfurt wurde Eoban von Husten und Gicht gleich stark gepeinigt. Er begriff, daß sein Ende nahe war. Ob man nur dem hemmungslosen Trinken die Schuld an seinem frühen Verfall anlasten kann, ist fraglich. Sein ruheloser Arbeitsdrang und sein ständiger Kampf um eine verläßliche materielle Basis haben ihn wohl ebenso aufgerieben. Das Podagra, eine Folge zu reichlichen Fleischverzehrs, peinigte ihn schon lange. Am 30. Juli schrieb er dem alten Freund Camerarius in einem letzten Brief die schönen Zeilen:

> „... Aber schon schleicht heimlich noch ein anderes Leiden heran. Ich spüre eine große Abnahme aller Körperkräfte, so daß ich schon anfange, um mein Leben zu fürchten: Aber nein, ich fürchte nichts. Denn ich habe die Zuversicht, daß mein Leben beim ewigen Gott immer bewahrt bleiben und bei den Menschen lange fortdauern wird ..."

Der letzte dichterische Plan, den Melanchthon angeregt hatte, nach dem Muster der heidnischen „Festtage" des Ovid einen christlichen Festkalender zu schreiben, erbrachte gerade noch 12 Zeilen. Eoban war bettlägerig geworden. Er hatte jetzt ein Alter von zweiundfünfzig Jahren und neun Monaten erreicht.

In der Nacht zum 4. Oktober 1540 äußerte Eoban plötzlich den Wunsch, er wolle hinauf zu seinem Herrn!

Die Umstehenden glaubten, er spreche vom Landgrafen; er aber hatte wohl seinen Aufbruch gespürt und von seinem Herrn im Himmel gesprochen, ehe er den letzten Atemzug tat. Er wurde am folgenden Tag auf dem kleinen Friedhof neben der Elisabethkirche bestattet.

Zeittafel für Helius Eobanus Hessus

1488	Geburt des Eobanus Coci am 6. Januar in Bockendorf oder Halgehausen bei Haina in Hessen
1493	Schulzeit im Kloster Haina beim Abt Dietmar
ca. 1495	Fortbildung in Gemünden bei Johann Mebes
1502	Aufbruch zur Universität Erfurt
1504–1509	Studium in Erfurt, Mutians Humanistenkreis in Gotha
1505	„De pugna Studentum Erphordiensium ..." (= Kampf der Erfurter Studenten mit einigen verschworenen Rabauken)
1506	„De recessu Studentum ex Erphordia ..." (von der Flucht der Studenten aus Erfurt beim Ausbruch der Pest)
1508	Vom Unglück der Liebenden
1509	„Bucolica": 11 Eklogen nach dem Vorbild Vergils, Magisterprüfung, Abschied von Erfurt
1510–1514	Aufenthalt in Preußen, Frankfurt/Oder und Leipzig, „Die Heroiden" (Heroidum christianarum epiolae)
1514–1526	Wieder in Erfurt, Dunkelmännerbriefe für Reuchlin
1515	Heirat mit Catharina Spater, Engelsburg
1517	Professur für Rhetorik und Poetik
1519	Leipziger Disputation Luthers mit Eck „Hodoeporikon" (Reise nach Löwen zu Erasmus)
1521	Vier Elegien für Luther aus Anlaß seiner Reise nach Worms, Niedergang der Universität Erfurt
1522	Studium der Medizin, „Über die Erhaltung der Gesundheit", 1524
1523	„Ecclesiae afflictae epistola ad Lutherum" (Brief der geschändeten Kirche an Luther), Tod Huttens

1526	Tod Mutians, Abschied von Erfurt
1526–1533	Als Professor in Nürnberg
1527	„Venus triumphans“
1531	Idyllen Theokrits
1532	„Urbs Norimberga illustrata“ (= Das gefeierte Nürnberg) Epicedien für Dürer, Hutten, Mutian
1533–1536	Zum dritten Mal in Erfurt
1533	Prediger Salomonis, ins Lateinische übersetzt
1534	„De victoria Wirtembergensi …“ (= Glückwunsch an den erlauchten Landgrafen von Hessen, Philipp, beim Sieg in Württemberg…“), „Raub der Helena“ nach Coluthus, Sylvarum libri VI (= 6 Bücher Sylven)
1536	Tod des Erasmus
1536–1540	Professur in Marburg
1537	„Ludus de podagra“ (= Spiel vom Podagra, vom Deutschen ins Lateinische übersetzt), Epicedion für Erasmus, „Psalterium Davidis“ (= Die Psalmen, ins Lateinische übersetzt)
1538	„Glückwunsch der Stadt Nürnberg für Karl V.“ und „Aufforderung an denselben zum Türkenkrieg“
1540	Hausbesitzer in Caldern bei Marburg, Übertragung von Homers Ilias ins Lateinische, Tod am 4. Oktober

Weiterführende Literatur

Joachim Camerarius: Narratio de Helio Eoban Hesso, Nürnberg 1553 (Leipzig 1696 und 1843).

Wiegand Lauze: Leben Philipps des Großmütigen, 1560, darin: Von des erleuchten und hoch begabten Poeten Helij Eobani hessi leben und absterben. In: Zeitschrift des Vereins für Hessische Geschichte, Kassel 1841, 2. Suppl. I. Band, Seite 426–441.

Gotthold Schwertzell: Helius Eobanus Hessus, ein Lebensbild aus der Reformationszeit, Halle 1874.

Georg Ellinger: Die neulateinische Literatur Deutschlands in der ersten Hälfte des 16. Jahrhunderts, Bd. II, Berlin 1929–33 (Neuauflage Berlin u. Zürich 1969).

Carl Krause: Helius Eobanus Hessus. Sein Leben und seine Werke, 2 Bände, Gotha 1879 (Neuauflage 1963).

Walter Brecht: Die Verfasser der Epistolae obscurorum virorum, Straßburg 1904.

Franz-Wilhelm Kampschulte: Die Universität Erfurt in ihrem Verhältnis zu dem Humanismus und zur Reformation, Bd. I und II, Trier 1858–1860 (Neuauflage Aalen 1970).

Horst Rudolf Abe: Der Erfurter Humanismus und seine Zeit (Diss. Jena) 1953.

Helius Eobanus Hessus: Dichtungen Lateinisch und Deutsch. Herausgegeben und übersetzt von Harry Vredeveld. Von 8 geplanten Bänden ist Band 3 bereits erschienen bei Vlg. Peter Lang, Bern, Frankfurt/Main 1990.